MON P'TIT CAHIER AUTORITÉ BIENVEILLANTE

MÉLANIE BALÈS

ILLUSTRATIONS
ISABELLE MAROGER (COUVERTURE)
SOPHIE RUFFIEUX (INTÉRIEUR)

SOLAR EDITIONS

SOMMAIRE

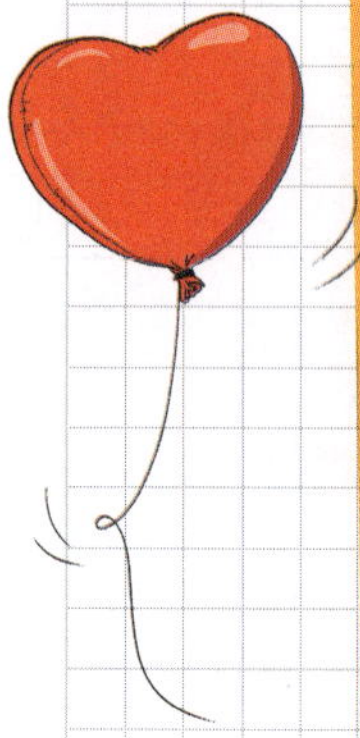

Introduction

Avant la naissance de votre enfant, vous vous étiez juré que vous ne feriez pas partie de ces parents qui assistent, impuissants, aux colères de leur progéniture. Mais voilà, en grandissant, votre enfant pleure, crie, parfois mord… et par moments (voire souvent), il vous semble bien difficile de faire preuve d'autorité.

Le problème : vous avez sûrement envie, comme bien d'autres jeunes parents, de concilier une éducation positive, qui vise l'épanouissement et l'accomplissement personnel de votre enfant, avec le respect de vos règles et de vos valeurs ! En d'autres mots : vous aimeriez faire preuve d'une autorité bienveillante. Malheureusement, au quotidien, vous peinez parfois (souvent) à trouver cet équilibre délicat.

Bonne nouvelle : c'est là tout l'objet de ce *P'tit Cahier* ! Loin des idées reçues qui voudraient qu'éducation positive rime forcément avec laxisme, ce livre vous donnera les clés pour accompagner votre enfant au quotidien dans le respect de ses besoins tout en lui créant un cadre et des repères qui l'inciteront à respecter les règles et les valeurs qui vous sont chères. Au programme : des pistes pour mettre en place un environnement rassurant et sécurisant, des tips pour fixer des règles adaptées à son âge (qu'il sera donc en mesure de respecter) et des outils pour l'accompagner dans la gestion de ses émotions et des crises qu'elles provoquent. Eh oui, face à vos règles, vos interdits et votre cadre, votre enfant, comme tous les autres petits de son âge, sera forcément frustré, voire en colère ! Et c'est en le soutenant dans ses tempêtes émotionnelles que vous pourrez, *in fine*, vous assurer qu'il vous écoute. Enfin, vous trouverez dans ces pages tous les conseils et les outils nécessaires pour faire preuve de bienveillance envers vous-même. N'oubliez pas : non seulement il est essentiel de faire attention à vous, mais votre enfant a aussi besoin de vous sentir serein(e), pour être lui-même épanoui dans ce cadre de vie que vous allez lui offrir !

Test : quel type d'autorité avez-vous avec votre enfant ?

Quand il s'agit de l'éducation de votre enfant, vous avez l'impression d'être plutôt zen ou juste assez ferme pour qu'il vous écoute vraiment…
Mais êtes-vous vraiment certain(e) de votre appréciation ? Répondez à ces quelques questions pour évaluer où en est votre autorité !

Vous venez de demander (gentiment) à votre enfant d'enfiler ses chaussons. Sa réponse est sans appel : « Non, j'veux pas ! » Quelle est votre réaction ?

- Ni une, ni deux, vous le punissez dans sa chambre !
- Vous insistez en répétant « s'il te plaît » avant de lui proposer un bonbon s'il les met !
- Vous lui proposez de faire une course : celui qui aura enfilé ses chaussons en premier aura gagné !

Au parc, il bouscule un copain qui l'a doublé sur le toboggan. Votre premier réflexe ?

- Vous le sortez *manu militari* et lui ordonnez de s'asseoir sur le banc pour réfléchir à son comportement.
- Vous le prenez à part, pour revenir avec lui sur la situation et lui rappeler la règle : « Je ne suis pas d'accord avec ton comportement, tu aurais pu faire mal à ton copain… »
- Vous lui dites avec un sourire gêné : « Ça va, tu ne lui as pas fait mal, mais fais doucement. »

Des règles, bien sûr que vous en avez…

- Mais seulement le strict minimum : vous ne voulez pas le brimer !
- Vous en avez même beaucoup : pour vous, c'est la base pour le faire écouter !
- Ni trop, ni pas assez : vous essayez de vous adapter au fur et à mesure que votre enfant grandit.

Vous êtes en retard pour partir à l'école et votre enfant ne veut pas mettre son manteau. Vous…

- 🍃 Êtes exaspéré(e) et criez : « Dernier avertissement ! Attention, je ne le répéterai pas ! »
- ☼ Cédez : « Tant pis, ne le mets pas, ce n'est pas grave ! »
- ✩ Prenez une petite voix de souris qui aurait bien besoin de mettre son manteau car il fait froid ce matin !

Vous venez de lui refuser un dernier épisode de son dessin animé et évidemment, c'est la crise ! Il se jette par terre en hurlant. Quelle est votre réaction ?

- ☼ Vous acceptez qu'il continue : après tout, un de plus, un de moins…
- 🍃 Vous lui ordonnez de se lever tout de suite, sous peine de vous mettre très en colère !
- ✩ Vous vous mettez à sa hauteur, lui indiquez que vous comprenez sa déception, mais restez ferme : non, c'est non !

Il vous arrive d'interdire certaines choses à votre enfant…

- ✩ Parfois…
- 🍃 Fréquemment !
- ☼ (Très) rarement !

Pour vous assurer que votre enfant range enfin sa chambre, votre méthode imparable est de…

- ☼ Le faire à sa place !
- 🍃 Le menacer de sortir des sacs-poubelle et de tout jeter !
- ✩ Lui proposer un défi de temps avec un minuteur ou un chronomètre pour le motiver !

Votre enfant est tombé et vous dit qu'il s'est fait mal. Vous rétorquez…

- 🍃 « Ce n'est pas grave : tu ne saignes même pas ! »
- ✩ « Tu as le droit de pleurer si tu as mal. On va soigner ça avec un câlin et un pansement ? »
- ☼ Pas grand-chose : vous êtes paniqué(e) à l'idée qu'il se soit blessé !

Faites les comptes !

✩	🍃	☼

Vous avez une majorité de : *l'autorité bienveillante, vous connaissez !*

Au quotidien, vous pratiquez une forme d'autorité raisonnée avec votre enfant… dont vous pouvez vous féliciter ! Que vous ayez déjà potassé le sujet ou que ce soit simplement votre manière naturelle de procéder, vous savez allier fermeté et bienveillance, semblez savoir intuitivement quels sont ses besoins et avez déjà su déployer quelques pistes pour l'accompagner sur son long chemin pour devenir grand ! Bravo ! Votre objectif avec ce *P'tit Cahier* : trouver encore plus d'outils pour asseoir cette autorité bienveillante qui vous tient à cœur et renforcer le lien avec votre enfant !

Vous avez une majorité de : *vous êtes plutôt très (très) strict(e) !*

L'obéissance de votre enfant, c'est la base de votre éducation… Quitte à devoir dégainer parfois quelques punitions pour le remettre dans le droit chemin quand il n'écoute pas ! Votre but : le rendre plus autonome, le plus vite possible pour qu'il puisse affronter la vraie vie ! Et pour cela, il n'y a pas 36 000 solutions : on applique les règles ! Le hic : vous vous rendez peut-être compte que ce mode d'éducation a ses limites et que votre enfant se rebiffe dès qu'il peut ! Envie de changement ? Ce *P'tit Cahier* vous donnera des outils pour partager plus, être plus serein(e) et pacifier la relation avec votre enfant. Vous n'en serez que mieux tous les deux !

Vous avez une majorité de : *vous lui permettez tout !*

Au quotidien, vous essayez d'imposer le moins de contraintes possible à votre enfant. Après tout, il est encore petit et la vie est déjà bien assez dure ! Votre stratégie usuelle : éviter les situations où il faut lui dire non et prévenir les crises à tout prix, même si cela implique de devoir céder à ses exigences ! Ce qui vous importe, c'est qu'il soit heureux et qu'il ne vive pas trop d'émotions négatives ! Le problème ? Vous sentez parfois que ce manque de limites ne l'aide pas, mais vous ne savez pas faire autrement ! Dans ce *P'tit Cahier*, vous trouverez tout ce qu'il vous faut pour fixer des règles, des limites et lui donner des consignes positives. Vous verrez, ils ne vous paraissent peut-être pas intuitifs aujourd'hui, mais ces nouveaux réflexes aideront votre enfant à bien grandir dans un cadre rassurant !

Chapitre 1

Je comprends mieux l'autorité

L'autorité ? C'est peut-être sur elle que portent les questions que vous vous posez le plus souvent (comme bien d'autres parents d'ailleurs). Comment définir les règles et que faire si votre enfant ne les respecte pas ? Comment vous faire obéir par votre enfant… idéalement sans crier ? Avant de passer à la pratique, un petit rappel s'impose : quand vous faites preuve d'autorité, il faut savoir vous faire écouter, mais aussi savoir expliquer à votre enfant pourquoi il doit suivre les règles que vous lui avez fixées. C'est évident pour vous, mais pour lui, cela ne va pas toujours de soi… D'où l'intérêt de refaire le point sur les tenants et aboutissants de l'autorité pour commencer !

Vrai/Faux : je tords le cou à mes idées reçues sur l'autorité et les règles

Que ceux qui n'ont jamais répété une règle à leur enfant lèvent la main ! Répéter deux fois, trois fois et parfois (même souvent) plus est votre lot quotidien ? Avant de révolutionner toutes vos habitudes, faites le point pour prendre conscience des idées reçues que vous avez peut-être sur l'autorité.

L'autorité, ce n'est pas une question de supériorité !

Vrai !

« Il faut que tu fasses ceci. Tu dois dire cela… » Il peut être facile de confondre autorité et comportement autoritaire. Pourtant, tous deux sont très différents. Les parents qui ont tendance à être dans l'« autoritarisme » imposent souvent leur seul point de vue sans tenir compte de quoi que ce soit, ni de qui que ce soit et ceci peu importe le contexte, l'âge ou la personnalité de l'enfant ! Même si elle n'est pas voulue, cette posture quelque peu « dictatoriale » revient non seulement à imposer des règles (comme on le ferait pour le dressage), mais aussi à utiliser un vocabulaire tranché ne laissant aucune marge de manœuvre à l'enfant. Finalement, ce type de comportement reflète plutôt une recherche de pouvoir et de contrôle. Au contraire, l'autorité, c'est se faire respecter ou faire respecter des règles de façon ferme, certes, mais aussi bienveillante !

L'autorité parentale à la loupe !

L'autorité parentale est un ensemble de droits et d'obligations que les parents ont envers leurs enfants du jour de la naissance jusqu'à l'âge de 18 ans ! Selon le cas, l'autorité parentale peut être exercée conjointement (par les deux parents), par un seul parent ou par un tiers. Ces droits et devoirs se traduisent de différentes manières : veiller sur l'enfant, sa santé, son éducation, son patrimoine… Elle donne le droit aux parents de prendre toutes les décisions nécessaires au bien-être de leur enfant !

Le conseil qui change tout :

Exercez-vous à faire preuve d'une autorité posée de manière juste. Comment faire ? Pour commencer, veillez simplement à éviter d'être dans une posture « j'ai raison, tu as tort » afin de sortir du rapport de forces. Vous verrez : en veillant à ne pas imposer à tout prix sans explications, vous obtiendrez bien plus d'engagement et de coopération de la part de votre enfant !

Règles, consignes, interdits : c'est la même chose !

Faux !

Bien au contraire, les trois notions ont des caractéristiques bien distinctes !

- **La règle** précise le comportement attendu dans une situation donnée, différencie ce qui est acceptable de ce qui ne l'est pas dans un environnement donné (à la maison, à l'école, chez les grands-parents) et concerne la plupart du temps les faits non négociables, en lien avec la sécurité (traverser la route en regardant à droite et à gauche), la santé (éviter de manger trop de sucre) ou encore le respect (dire bonjour, merci), par exemple. Certaines règles peuvent être assouplies en fonction des situations (« Ce soir, exceptionnellement, on mange devant la télé ! »).

- **La consigne,** quant à elle, précise ce qu'il faut faire et s'applique selon les circonstances (« range tes jouets », « mets tes chaussures », « assieds-toi », « mets tes voitures dans leur boîte », etc.). Elle peut donc évoluer. Pour respecter les consignes, votre enfant doit d'abord les comprendre. Elles doivent donc être adaptées à son âge.
- Enfin, pour bien grandir, les enfants ont besoin d'une certaine forme d'encadrement et **les interdits** rassurent et aident à adopter un comportement adéquat en famille ou ailleurs. Comme pour les règles, ils ont pour objectif d'assurer la sécurité de l'enfant (on ne traverse pas la route sans regarder) ou encore de l'aider à avoir de bonnes relations avec les autres (on ne tape pas).

Le conseil qui change tout :

Donnez des consignes en disant ce que vous souhaitez obtenir plutôt que de fixer des interdits (et donc ce que vous ne voulez pas) !

Plus il y a de règles pour mon enfant, mieux c'est !

Faux !

Concentrez-vous sur un petit nombre de règles importantes (« tu me donnes la main quand on traverse », « range les jouets sans les lancer ») ! En effet, il sera plus facile à votre enfant de s'en souvenir et de les respecter ! Certes, en tant qu'adulte, vous êtes capable de retenir l'ordre de plusieurs tâches à effectuer, mais ce n'est pas forcément le cas pour votre enfant, surtout avant 3 ans !

Le conseil qui change tout :

Évitez la maladresse (ultra-classique) de ne pas donner les bonnes indications à votre enfant ou alors d'en donner trop à la fois. Votre mot d'ordre : donner les instructions les unes après les autres !

La punition, il n'y a que ça qui marche pour mon petit turbulent !

Faux !

Votre première réaction face à un comportement inapproprié de votre enfant est souvent de vouloir le punir ? Rassurez-vous, vous n'êtes pas seul(e) dans ce cas. Il est vrai que face à la fatigue et à l'impatience, la punition peut être tentante ! Mais vous êtes-vous déjà posé la question suivante : « Pourquoi agit-il ainsi ? » Ce changement de perspective est essentiel, car traiter le symptôme sans en comprendre la cause ne permet pas de résoudre le problème de manière durable ! Certes, la punition permettra de faire cesser ce comportement dans l'immédiat, mais s'il se reproduit de manière répétée pour une cause bien précise, alors la punition ne résoudra pas le problème à sa source et ce comportement continuera à resurgir ! Sans compter que la punition peut humilier, ne responsabilise pas l'enfant et surtout ne l'encourage pas à s'améliorer.

Le conseil qui change tout :

Essayez de décrypter ce qui se cache derrière le comportement déplaisant de votre enfant (voir p. 59) !

Il vaut mieux fixer les règles à l'avance !

Vrai !

Il est toujours plus facile de faire appliquer des règles énoncées à l'avance que d'avoir à les donner dans le feu de l'action, voire de s'en servir pour « recadrer » votre enfant. OK, vous êtes débordé(e) et cela peut vous prendre un peu de temps de réfléchir aux règles que vous souhaitez mettre en place, mais mieux vaut perdre du temps pour en gagner plus tard. En plus, vous gagnerez en sérénité en prévenant et en informant votre enfant à l'avance. Un enfant averti en vaut deux !

Le conseil qui change tout :

Veillez à bien exprimer à votre enfant ce que vous attendez de lui dans la situation où vous allez vous trouver (au supermarché, chez des amis, dans la rue, etc.). Ce qui peut vous paraître évident ne l'est pas forcément pour lui !

Embrasser mon petit après l'avoir puni : mauvaise idée !

Faux !

Quand vous donnez une punition à votre enfant, il est important de bien faire la distinction entre son comportement (qui, lui, peut être répréhensible !) et sa personne ! Autrement dit, ce qu'il a fait peut être sanctionné, mais pas ce qu'il EST et surtout pas l'amour que vous lui portez ! La punition a le plus souvent des résultats rapides, certes, mais elle provoque aussi de la souffrance !

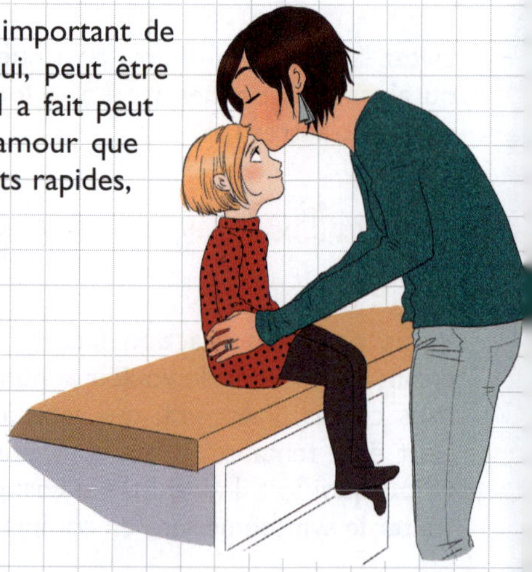

Le conseil qui change tout :

Acceptez de faire un câlin à votre enfant après une punition s'il vous le demande, sous peine de rajouter une couche de chagrin ! Mieux encore, proposez-lui de lui en faire un ! Si vous avez besoin d'un temps de pause (et lui aussi d'ailleurs), n'hésitez pas à le prendre avant afin de favoriser un retour au calme pour chacun et donc un câlin encore plus chaleureux par la suite !

Un parent ne doit pas s'excuser, même s'il est en tort !

Faux !

Pardonner à votre enfant ses comportements inappropriés ? Évidemment, cela vous paraît normal ! Par contre, demander pardon de votre côté, c'est une autre paire de manches ! Pourtant, présenter vos excuses est une des manières de reconnaître vos erreurs ! En demandant pardon, vous envoyez un message fort à votre enfant : l'erreur est possible, même chez les adultes ! C'est aussi un acte de vérité : vous reconnaissez la blessure subie par votre enfant et le fait que vous en êtes responsable ! Ce qui est important pour votre enfant, c'est qu'en lui disant clairement que vous avez eu tort, vous le libérez d'une fausse culpabilité ! Et non, demander pardon ne nuit pas à votre autorité !

Le conseil qui change tout :

Veillez non seulement à être un « bon » modèle en présentant vos excuses, mais n'hésitez pas, en plus, à compléter vos excuses avec des solutions et engagements encore plus puissants (« je vais faire ceci ou cela pour que cela ne se reproduise plus », « je m'engage à… »).

Menacer évite de punir !

Faux !

« Si tu ne fais pas ceci, alors tu seras puni ! », « Je te confisque ta console. », « Tu n'iras pas à l'anniversaire de ta copine ! »… Vous devez en avoir (au moins) l'intuition : les menaces, si elles ne sont pas suivies d'un effet, constituent généralement une stratégie éducative (très) inefficace ! Pire encore, elles peuvent pousser votre enfant à remettre en question votre crédibilité en tant que parent et l'encourager à continuer dans son comportement d'opposition. Quand vous dites stop à votre enfant (d'un ton résolu et déterminé, bien sûr !), il doit comprendre qu'il s'agit bien là d'un ultimatum avant une sanction.

L'autorité, c'est naturel ou non ?
À la question « Tous les parents ont-ils de l'autorité ? », la réponse est « NON ! ». Mais est-ce que chaque parent peut apprendre à avoir une certaine forme d'autorité bienveillante ? Bonne nouvelle, la réponse est « OUI ! ». Le secret réside dans une forme d'autorité tranquille, une façon d'être vis-à-vis de l'enfant, une influence naturelle qui s'exerce de façon implicite. C'est une forme d'autorité juste, respectée. C'est aussi une forme de confiance en vous : vous savez ce qui est bon pour votre enfant, alors vous tenez bon, même si cela ne lui fait pas toujours plaisir !

Le conseil qui change tout :

Idéalement, si cela vous arrive de l'utiliser, la « menace » ne doit pas être énoncée plus de deux fois avant d'être appliquée ! Pensez aussi à laisser du temps à votre enfant pour répondre à votre requête : le cerveau du petit humain est moins rapide dans le traitement de l'information !

Le chantage : bien sûr que je l'évite !

Vrai !

Certes, vous savez qu'il est contre-productif… Mais, il vous arrive peut-être parfois d'utiliser le chantage quand vous vous sentez dépassé(e) et peut-être impuissant(e) face au comportement de votre enfant. Rappelez-vous : même si le chantage est tentant pour vous faire écouter, cette stratégie ne peut pas être efficace à long terme et peut même générer du stress chez votre enfant. Ainsi, si vous lui dites : « Si tu t'habilles tout de suite, tu auras le droit à un bonbon », votre enfant risque, certes, de faire ce que vous lui demandez, mais ce sera surtout pour avoir sa récompense ou vous faire plaisir ! Par contre, cela ne l'aidera pas à raisonner sur la situation. Pire encore, il pourrait bien utiliser à son tour cette stratégie pour obtenir ce qu'il veut !

Le conseil qui change tout :

Vous pouvez parler d'accord ou de contrat avec votre enfant, dans lequel chacun prend un engagement !

La fessée : ça va ! J'y ai survécu, moi !

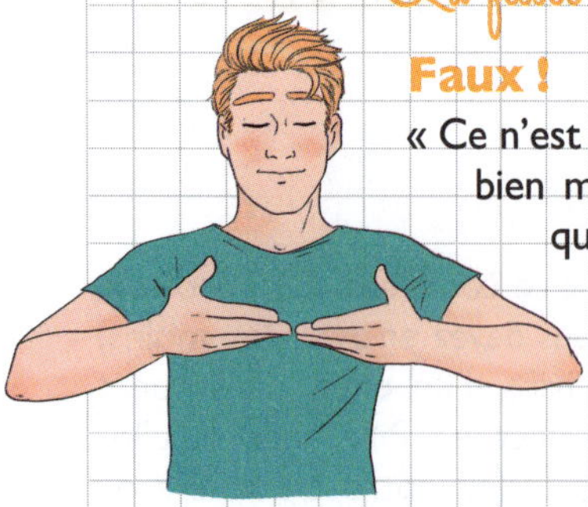

Faux !

« Ce n'est pas une fessée qui va le traumatiser… », « J'en ai reçu plusieurs bien méritées et je vais très bien, moi ! »… En voilà des arguments que l'on entend malheureusement encore très souvent ! Le danger : utiliser la fessée comme méthode éducative ordinaire. Et l'enfant, que finit-il par apprendre de tout ça ? Que pour obtenir quelque chose de quelqu'un, il est nécessaire d'utiliser la violence ou la contrainte physique. Bref, il va falloir trouver des alternatives !

Le conseil qui change tout :

Essayez de prendre du recul et de ne pas réagir à chaud ! N'hésitez pas, par exemple, à vous isoler et à prendre deux minutes pour retrouver votre calme (voir p. 83). Puis, tentez de privilégier le dialogue et de vous mettre à sa place en vous demandant : « Pourquoi a-t-il fait ça ? » Enfin, vous pouvez même exprimer ce que vous ressentez ! Bien sûr, c'est plus facile à dire qu'à faire, mais le jeu en vaut la chandelle !

4 raisons pour lesquelles mon enfant a besoin de règles

Les enfants ont besoin de règles, la plupart des parents sont d'accord là-dessus ! Mais à quoi servent-elles vraiment ? Voici de quoi vous convaincre de vite fixer les vôtres !

1. C'est bon pour son développement et son autonomie !

Pour bien grandir, votre enfant a besoin d'un cadre. À la maison comme ailleurs, les règles sont donc essentielles à son bon développement, car elles forment le cadre qui définit comment les membres d'une famille vont vivre ensemble. Elles peuvent permettre à chacun de savoir ce qui est attendu de lui, ce qu'il peut ou ne peut pas faire afin que la vie familiale (entre autres !) se passe au mieux. Les règles constituent un cadre sécurisant et un repère stable grâce auxquels votre enfant peut pleinement s'épanouir. Avoir des règles claires et poser des limites permet également d'accompagner votre enfant vers l'autonomie. Plus elles sont limpides, mieux votre enfant les intégrera et plus il pourra explorer et comprendre le monde dans ce cadre fixe et rassurant !

2. C'est l'aider à savoir ce qui est attendu de lui !

Les règles et les limites aident les enfants à distinguer ce qui est approprié de ce qui ne l'est pas dans diverses situations, les comportements adéquats et ceux qu'il est préférable d'éviter, à la maison comme ailleurs. Certaines décisions éducatives sont ainsi des règles de protection de l'enfant. Non négociables, elles relèvent de l'interdit, de ce qui est exclu pour lui. Elles sont posées de manière prioritaire pour protéger son intégrité physique : « Tu me donnes la main quand on traverse la rue », « Tu ne touches pas à la porte du four ».

3. C'est lui permettre de savoir comment vivre avec les autres !

Les règles sont établies pour que les enfants apprennent à vivre en coopération avec d'autres enfants, mais aussi avec les adultes qui les entourent ! Certaines règles de vie permettent de vivre en communauté et assurent le respect mutuel : « On ne tape pas les autres », « On prend soin du matériel », « On dit merci ». Les enfants élevés sans règles et limites ont d'ailleurs souvent des difficultés d'adaptation sociale et des problèmes de comportement. Le cadre que vous fixez à votre enfant lui permet d'avoir confiance en lui et dans les autres, de se construire et de se sociabiliser !

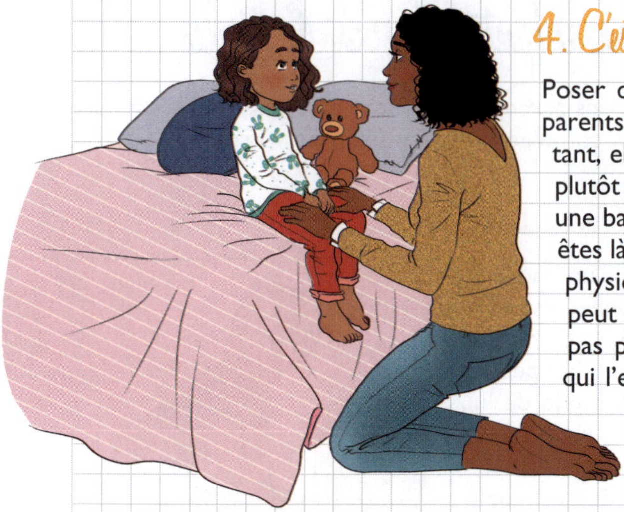

4. C'est le rassurer et le sécuriser !

Poser des règles peut être difficile pour certains parents (comme pour vous d'ailleurs)... Et pourtant, elles sécurisent tellement votre enfant ! Car plutôt qu'interdire, elles autorisent tout en posant une barrière de sécurité qui lui rappelle que vous êtes là au cas où... Sans autorité ni règle, la santé physique et/ou psychologique de votre enfant peut être en danger ! Même si vous ne pouvez pas protéger votre enfant de tous les dangers qui l'entourent, vous pouvez lui apprendre certains gestes, certaines règles simples pour appréhender les risques qu'il court et la manière de les surmonter !

Répétition (des règles) = intégration (neuronale) !
Il est normal de devoir répéter les règles à plusieurs reprises à votre enfant car c'est justement la répétition qui va l'aider à intégrer ce qu'on attend de lui ! En cause : le cerveau de votre enfant n'est pas suffisamment développé pour être capable de bien retenir les règles d'un seul coup ! N'hésitez donc pas à dire et redire les règles, tout en étant tout aussi constant(e) dans la réponse que vous lui apportez (qu'il les respecte ou non).

L'abécédaire de l'autorité bienveillante

Permettre à votre enfant de grandir sereinement tout en lui donnant un cadre qui l'aidera à comprendre et à vous écouter (et donc à respecter les règles et les consignes), c'est toute la promesse de l'éducation bienveillante. Vous en rêvez déjà ? Vite, quelques lettres pour aller plus loin !

L'autorité bienveillante à la loupe !
L'autorité permet à l'enfant d'apprendre à vivre en société, à accepter certaines règles nécessaires à la vie en communauté, à apprendre la patience, le partage, l'altérité, le respect ou encore le lien cause-conséquence ! Si l'autorité est le tuteur qui va permettre à l'enfant de grandir, l'autorité bienveillante, c'est la liberté dans un cadre, soit offrir la sécurité et l'espace suffisants pour se développer, tout en étant respectueux de tous. Le concept d'autorité bienveillante est apparu dans le cadre des courants éducatifs alternatifs, que sont l'éducation bienveillante, l'éducation positive ou encore la discipline positive !

A comme Attachement...

L'attachement est avant tout un besoin vital de sécurité physique et surtout affective. Déjà présent chez votre enfant quand il était bébé, il l'accompagne tout au long de ses premières années. Oui, votre enfant a besoin de se sentir protégé et sécurisé pour bien grandir. Autrement dit, plus vous répondez à ses besoins (notamment émotionnels), plus il intégrera qu'il peut compter sur vous, et plus il se sentira en sécurité et en confiance ! Et avec votre autorité bienveillante, vous allez pouvoir donner, entre autres, à votre enfant cette sécurité dont il a tellement besoin !

La théorie de l'attachement, quèsaco ?

Dans les années 1950, le psychiatre britannique John Bowlby avance qu'un des besoins fondamentaux de l'enfant est avant tout social. Selon lui, un enfant ne peut avoir un développement normal que s'il a pu construire, au cours de ses premières années, une relation (un lien d'attachement) avec au moins une personne qui prend soin de lui de façon adaptée, cohérente et continue. Dans cette lignée, pour un enfant, avoir un attachement « sécure » (solide) consiste à reconnaître une personne de son environnement (le plus souvent les parents) comme sa « base de sécurité ». En cas de détresse, il sait que cette figure d'attachement est disponible pour répondre à ses besoins. Résultat : grâce à cette relation, il apprend à réguler ses émotions, à développer un sentiment de sécurité intérieure, à aller vers les autres, à forger des relations solides et à développer son empathie, sa confiance en lui et dans les autres !

... et Autonomie...

En encourageant votre enfant à être autonome dès son plus jeune âge, vous lui permettrez de booster sa créativité, de faire ses propres choix, de sortir de sa zone de confort et de développer sa confiance en lui. Pour toutes ces raisons, l'autonomie est un besoin fondamental de votre enfant, cela fait même partie de son plan de développement : un enfant est naturellement poussé à vouloir faire seul, à ne plus dépendre de ses parents, à « conquérir » sa vie, son indépendance, sa liberté ! Il ne s'agit pas de laisser votre enfant faire ce qu'il veut, mais de lui offrir une liberté dans un cadre sécurisé et bienveillant. Et bonne nouvelle : c'est justement ce que lui propose l'éducation bienveillante !

B comme Bienveillance...

On pourrait définir la bienveillance comme la volonté de comprendre le monde de votre enfant, ses besoins, son fonctionnement ou encore son stade de développement. C'est prendre votre enfant en considération en vous assurant qu'il se sente compris et suffisamment important afin de développer sa confiance en lui ! Et contrairement à certaines idées reçues, cette compréhension n'est pas incompatible avec l'autorité. Au contraire : l'une vient nourrir l'autre dans le cadre d'une éducation positive.

C comme Confiance en soi...

La confiance en soi n'est pas innée ! Chez votre enfant, elle consiste à faire confiance aux autres, à son environnement et à la vie ! Elle se construit donc au travers des liens qu'il tisse avec vous et son entourage et aussi par les expériences qu'il vit. Autrement dit, avoir confiance en soi, c'est, pour votre enfant, avoir intégré l'idée qu'il est quelqu'un d'unique et de ce fait, qu'il est capable, a de la valeur et des compétences, peut apporter des choses aux autres. Pour cela, il a besoin que vous laissiez libre cours à son élan afin qu'il puisse développer son plein potentiel, mais cette démarche doit toujours se faire (là encore) dans un cadre rassurant, que peut lui offrir l'autorité bienveillante.

... et Coopération...

Coopérer avec votre enfant ? Sur le papier, l'idée vous semble intéressante, mais en pratique, ça donne quoi ? En cherchant à coopérer avec votre enfant – notamment dans le cadre de l'autorité bienveillante –, vous parviendrez (souvent) à obtenir son accord en lui proposant une situation gagnant-gagnant, plutôt que gagnant-perdant (autorité-soumission). Autrement dit, vous éviterez le rapport de forces et collaborerez sur les solutions. Plus question de rechercher des fautifs !

E comme Encouragement...

Encourager, c'est insuffler la force et le courage d'essayer, d'oser, de se tromper et de poursuivre ses efforts pour y arriver ! Ce qui est chouette avec l'encouragement, c'est qu'il se centre sur la progression et non sur le résultat pour développer, dès le plus jeune âge, le plaisir d'apprendre ! Encourager, c'est aussi renforcer le référentiel interne (et la capacité d'autoévaluation) de votre enfant plutôt que la dépendance aux autres (et à l'approbation). Alors encouragez-le !

F comme Fermeté...

Si la bienveillance (respect de l'autre) se définit comme une connexion au monde de l'autre (et donc de votre enfant), elle doit être associée à la fermeté, c'est-à-dire au respect du monde de l'adulte et de la situation. En étant ferme avec lui, vous veillerez, ainsi, non seulement à ce que votre enfant tienne compte de vous, de la consigne, du cadre et des besoins de la situation, mais vous tiendrez aussi le cap éducatif tout en l'impliquant dans un monde coopératif. Il s'agit de faire avec, de l'inviter à construire ensemble plutôt que d'imposer, d'ordonner ou de faire faire. Vous l'avez compris, être ferme, c'est favoriser la collaboration de votre enfant et au passage, c'est lui faire expérimenter que, vous aussi, vous comptez sur lui.

I comme Implication…

Impliquer votre enfant en prenant en compte son niveau de développement lui permet d'accroître son sentiment « d'être capable ». Mais impliquer, c'est quoi exactement ? C'est « faire avec » et non « faire pour ». Le petit humain est naturellement prédisposé à être en lien et à contribuer. Les opportunités de contribuer sont une façon d'aider l'enfant à se sentir capable d'oser, d'essayer, de se tromper et de recommencer ! Autrement dit, votre enfant a besoin de sentir qu'il est à la hauteur, que sa contribution personnelle a de l'importance et qu'il a une place dans sa famille, à l'école et en société ! Alors impliquez-le dans les tâches à faire à la maison ou demandez-lui son avis !

Les sentiments d'appartenance et d'importance : des besoins essentiels !
À la base du courant de la discipline positive, on trouve les travaux de deux psychiatres autrichiens, Alfred Adler (1870-1937) et surtout Rudolf Dreikurs (1897-1972). Leur postulat : l'un des besoins essentiels de l'être humain est celui d'appartenir à un groupe, gage (inconscient) de sa survie ! C'est ce qu'on appelle le sentiment d'appartenance. Pour les enfants, ce groupe est celui de la famille, et la preuve qu'ils appartiennent bien à cette famille est l'attention qu'on leur porte (l'importance) ! S'ils ne parviennent pas à capter cette attention, ils peuvent en déduire qu'ils n'ont pas leur place parmi les autres, qu'ils ne font pas partie du groupe familial ou pire, qu'ils ne sont pas importants ! Par contre, si ces besoins sont satisfaits, ils pourront, en grandissant, aller vers le meilleur d'eux-mêmes !

L comme Long terme…

Maintenant que vous avez du recul sur votre propre éducation, vous en avez peut-être l'intuition : dans le cadre d'une éducation traditionnelle, les parents ont tendance à rechercher un résultat à court terme, comme l'obéissance immédiate. Cette méthode est certes efficace sur le moment, mais les études montrent qu'à long terme, elle n'a pas d'intérêt, voire peut être contre-productive. Pourquoi ? Ce type d'éducation ne permet pas la coopération de l'enfant et ne respecte pas, le plus souvent, ses besoins. Votre alternative : utiliser l'autorité bienveillante pour poser des objectifs à plus long terme, le but étant d'obtenir la coopération et le respect des règles par compréhension et non par peur.

... et Ligne de conduite !

En tant que parent, vous pouvez différencier la règle ou ce qui est interdit, de la ligne de conduite. Quelle est la différence ? Vous posez la règle, elle est non négociable et votre enfant est impliqué dans son respect. Par exemple : « Tu n'as pas le droit de frapper, c'est interdit ; mais quand tu es énervé contre ton frère (ou ta sœur), qu'est-ce qui pourrait t'aider à retrouver ton calme ou à exprimer autrement ta colère ? » La ligne de conduite, quant à elle, peut se coconstruire avec votre enfant en vous demandant de quoi lui et vous avez besoin dans une situation donnée (de calme pour faire les devoirs dans de bonnes conditions, de ne pas demander d'acheter des bonbons quand on sera dans le magasin, etc.).

P comme Positive...

L'éducation positive, dans la lignée de laquelle s'inscrit l'autorité bienveillante, incite les parents à « faire autorité » auprès de leur enfant de manière intelligente et respectueuse, au lieu d'« être autoritaires ». La parentalité positive se veut à la fois ferme et bienveillante, les deux éléments étant essentiels et l'un n'allant pas sans l'autre !

En quoi l'éducation positive fait-elle la différence avec le modèle d'éducation traditionnelle ?

« Éducation positive », « éducation bienveillante », « discipline positive » ou encore « parentalité bienveillante », derrière tous ces termes se cache la même vision de l'éducation : accompagner son enfant en cherchant son épanouissement et son accomplissement personnel ! Celles-ci se rapprochent de celle, plus globale, de la psychologie positive qui s'appuie sur les dernières recherches en neurosciences, étudiant notamment le bonheur et les comportements humains. Quelle différence alors avec l'éducation dite « traditionnelle » ? Ce ne sont évidemment pas les valeurs qui se cachent derrière cette éducation qui sont critiquables, mais bien le rapport de forces qu'elle impose entre l'adulte et l'enfant (rapport gagnant-perdant). Parce que quand quelqu'un cherche à nous corriger, à nous sanctionner, à nous contraindre, on va plutôt exécuter des ordres par peur de la punition, mais certainement pas par motivation intérieure ! Face à des parents qui cherchent à nous faire obéir « par la force », l'enfant peut lutter, se rebeller, être poussé à l'insolence, à l'opposition, à tout... sauf à la coopération !

R comme Respect...

Plus vous créerez un environnement respectueux pour votre enfant, plus il pourra se libérer des sentiments négatifs tels que la honte, la culpabilité, la douleur ou l'humiliation. Résultat : il aura davantage un sentiment de connexion et d'appartenance. Une relation basée sur le respect de l'autre, la compréhension et non sur la colère, le chantage et les relations verticales (qui génèrent surtout de l'inconfort et des luttes de pouvoir parent-enfant) : voilà votre objectif avec l'autorité bienveillante !

S comme Sécurité…

Selon les scientifiques, les parents disponibles et sensibles aux besoins de leur enfant lui permettent de développer ce sentiment de sécurité. Quant aux liens que l'enfant établit avec ses parents dès son plus jeune âge, et au style d'attachement qui en découle, ils auraient un impact important tout au long de sa vie, et notamment dans ses relations amoureuses. L'autorité bienveillante permet d'imposer des règles, de donner du sens et peut aider l'enfant à trouver les moyens de les respecter. Ainsi, votre enfant pourra s'approprier les règles, comprendre qu'elles le protègent et en tirera un sentiment de sécurité.

T comme Tendresse…

Un enfant a besoin d'amour, de tendresse et d'affection, c'est même la condition clé de son épanouissement ! Cet épanouissement dépend également de la qualité de la relation que vous allez établir et entretenir avec lui. La relation à votre enfant est par conséquent un facteur essentiel de votre éducation ! Alors exprimez clairement, par votre comportement, l'amour et la tendresse que vous éprouvez pour lui : vous avez tout à y gagner !

3 règles d'or pour établir une relation parent-enfant qui fonctionne

Vous êtes comme tous les parents : vous rêvez d'une belle relation parent-enfant pleine de confiance, joie, soutien mutuel et amour inconditionnel ? En quelques mots : vous souhaitez être proche de votre enfant ! Bonne nouvelle : c'est totalement faisable, même si quelques prérequis sont nécessaires !

Je suis responsable de la relation !

Et si vous imaginiez votre relation à votre enfant comme une plante appelée à pousser ? Programmée par la nature, cette plante a besoin de soleil, d'eau et d'engrais pour se développer pleinement et pour cela, elle nécessite vos soins ! La relation à votre enfant, c'est un peu la même chose : vous en êtes responsable ! Vous êtes son parent (et son premier exemple !) et c'est à vous de le guider tout au long de ces étapes d'intégration des règles, limites et interdits !

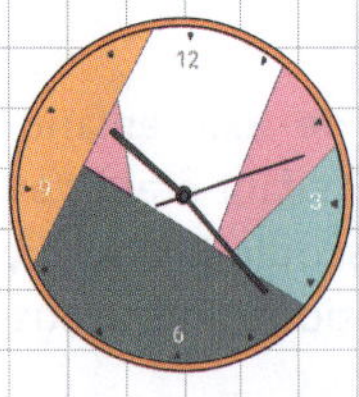

Je trouve du temps pour mon enfant !

Pour créer et entretenir une « bonne » relation entre parent et enfant, il faut d'abord passer du temps ensemble ! Et dans ce domaine, la quantité et la qualité vont de pair ! Le temps que vous passez ensemble et les choses que vous faites sont à eux seuls nécessaires pour créer la connexion !

L'outil qu'il vous faut : le temps dédié

Le but est simple : programmer et passer du temps de qualité avec votre enfant régulièrement ! Ce temps dédié permettra à votre enfant de savoir qu'il compte à vos yeux, de développer son sentiment d'appartenance et d'importance et de se sentir connecté !
Avant de vous lancer, gardez à l'esprit que…

- Ce temps doit idéalement être un moment spécial, rien qu'à vous deux, durant lequel vous vous rendez disponible à 100 % pour votre enfant !
- Il ne doit être ni une récompense, ni un privilège, ni un moment à annuler en fonction du comportement de votre enfant (mauvais comportement = pas de temps dédié), ni un temps où l'on règle ses comptes ou pendant lequel vous lui faites la morale, ni un moment où vous passez un coup de fil, regardez vos mails, préparez la liste de courses dans votre tête, etc.

Votre to-do list spéciale temps dédié :

- Adaptez la durée de ce temps en fonction de l'âge de votre enfant : entre 2 et 6 ans, au moins dix minutes d'attention exclusive par jour; entre 6 et 12 ans, la fréquence de ce temps peut passer à trente minutes une fois par semaine.
- Si votre enfant est déjà grand, vous pouvez lister à l'avance les activités qui plaisent à chacun pour les faire ensemble pendant votre temps dédié.
- Planifiez ce temps sur un calendrier, insérez-le dans la routine de la journée !
- Éteignez toutes les sources de distraction (téléphone notamment) !

Je communique et j'écoute !

Il est important d'instaurer la communication avec votre enfant dès son plus jeune âge. Posez-lui des questions sur sa journée d'école, sur ses amis, sur ses activités… Tendez-lui des perches, cela l'encouragera progressivement à vous parler aussi ! En retour, apprenez à écouter votre enfant ! Ce dernier saura ainsi qu'il peut compter sur vous !

Chapitre 2

Je mets en place des règles… dans un cadre bienveillant !

En tant que parent, vous désirez le meilleur pour votre enfant ! Mais aussi belle soit cette intention, elle vous renvoie souvent à des sentiments contradictoires : d'un côté, le désir de le protéger et de l'autre, l'envie qu'il acquière son autonomie ! Bonne nouvelle : les deux sont compatibles ! Pour se construire sereinement, votre enfant a tout d'abord besoin de votre soutien bienveillant, mais aussi d'un cadre rassurant fait de règles, d'interdits et de limites pour lui donner des repères et l'aider à trouver les clés pour grandir avec les autres ! Comment procéder ? Vite, quelques clés !

Mon programme pour mettre en place un cadre bienveillant à la maison !

Avec quelques années de recul maintenant, vous devez vous en douter : votre enfant n'arrive(ra) pas à respecter les règles dans toutes les situations. Et c'est normal ! Sans cadre rassurant et sans repères, cela lui demande simplement trop d'efforts ! Mais comment faire ?

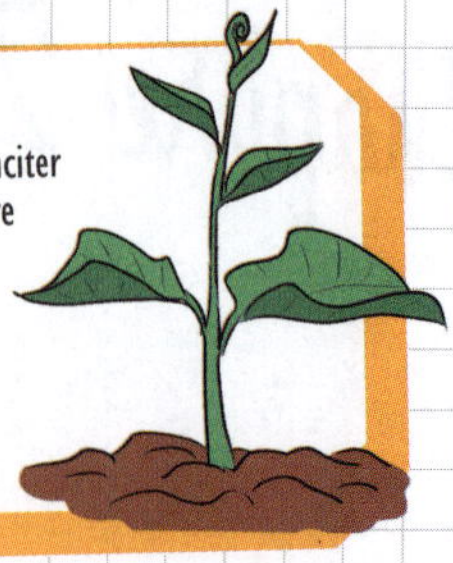

Un cadre bienveillant, c'est quoi exactement ?
Selon Thomas Gordon, psychologue clinicien américain : « Les groupes ont besoin de règles, mais la façon d'inciter tous les membres du groupe à respecter les règles fait toute la différence. » Et c'est tout l'enjeu avec votre enfant : lui fixer le bon cadre, qui sera le reflet de votre autorité ! Un cadre bienveillant, c'est un repère fixe qui le sécurise (sans l'étouffer !), qui l'aide à grandir (sans le contraindre !). Pour le mettre en place, veillez simplement à garder à l'esprit que vous devez être un parent jardinier (préparer le terreau et arroser la graine sans savoir quelle belle fleur elle donnera), plutôt qu'un parent potier (donner la forme qu'on veut que le pot ait).

Je comprends ses besoins

Des besoins fondamentaux, vraiment ?

Les besoins fondamentaux de votre enfant, comme ceux de tout être humain, sont des besoins nécessaires et indispensables à la vie et même parfois à la survie ! Selon le psychologue Abraham Maslow, il existe cinq grandes catégories de besoins :

- Les besoins physiologiques (ou besoins vitaux).
- Le besoin de sécurité.
- Le besoin d'appartenance.
- Le besoin d'estime de soi.
- Le besoin de réalisation de soi.

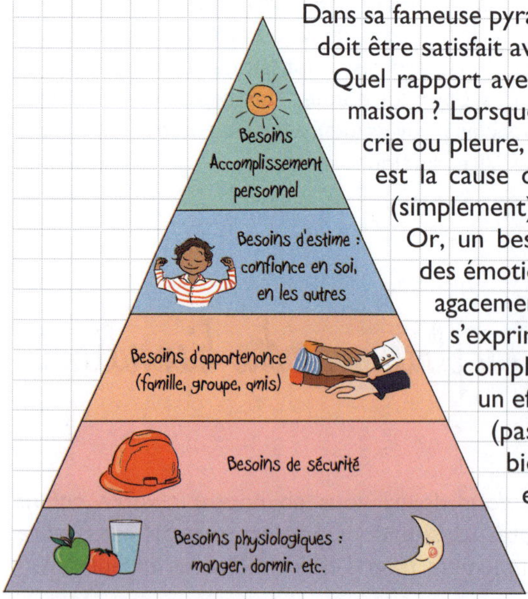

Dans sa fameuse pyramide, chaque besoin – en partant de la base – doit être satisfait avant de pouvoir essayer de combler le suivant. Quel rapport avec votre autorité et le respect des règles à la maison ? Lorsque votre enfant râle, se met en colère, boude, crie ou pleure, vous vous demandez ce qui se passe ? Quelle est la cause de ce comportement ? Très souvent, il s'agit (simplement) d'un de ses besoins qui n'est pas satisfait ! Or, un besoin non satisfait chez votre enfant entraîne des émotions généralement pas très sympas (frustration, agacement, colère, tristesse, incompréhension, etc.) qui s'expriment physiquement (cris, grognements, pleurs, complaintes, etc.). Et évidemment, s'ensuit souvent un effet boule de neige qui déclenche vos émotions (pas très sympas non plus) ! D'où l'intérêt de bien connaître les besoins essentiels de votre enfant et de savoir comment y répondre pour désamorcer ses tempêtes émotionnelles !

Mes 5 priorités pour satisfaire ses besoins !

- **Pour ses besoins physiologiques, menez l'enquête !** Le nourrir, l'hydrater, lui permettre de dormir, d'être propre et en bonne santé ? Vous gérez cela pour votre enfant depuis des années ! Mais n'hésitez pas à aller plus loin et à identifier les signes annonciateurs d'un besoin non satisfait chez lui. Il se frotte les yeux, pleure pour un rien, se berce doucement ? Pas de doute, il a besoin d'un bon dodo !
- **Pour ses besoins de sécurité, soyez sur tous les fronts !** Pour qu'il se sente en sécurité physique, offrez-lui un foyer sécurisant ainsi qu'un entourage bienveillant et rassurant, préservez-le des dangers, informez-le de certains risques (sans le surprotéger). Pour qu'il soit en sécurité psychique, travaillez, pour commencer, sur vos propres élans de colère éventuels (voir p. 83) ! Pour qu'il se sente en sécurité affective, acceptez et reconnaissez votre enfant comme il est, avec ses qualités et ses difficultés, tout simplement !

Le besoin de sécurité, un métabesoin !

Dans un rapport de 2017 sur les besoins fondamentaux de l'enfant, les experts ont identifié le besoin de sécurité de l'enfant comme un « métabesoin » regroupant sa sécurité physique (être à l'abri des dangers), sa sécurité psychique (être protégé des violences psychologiques, comme les insultes…), sa sécurité affective (être aimé pour ce qu'il est). Rien que ça ! Pour répondre à ce besoin de sécurité (fondamental, vous l'aurez compris), l'enfant doit être accompagné par un « donneur de soins », un adulte qui se soucie de lui et lui propose une relation affective stable (voir encadré p. 15) afin de renforcer sa sécurité intérieure, de lui permettre de grandir et de devenir autonome !

Ce besoin de sécurité va d'ailleurs de pair avec :

- **Le besoin d'expériences et d'exploration du monde :** bouger, manipuler, imiter, imaginer, comparer pour que l'enfant comprenne le monde qui l'entoure.
- **Le besoin d'un cadre, de règles et de limites** pour qu'il soit protégé du danger, mais surtout, pour qu'il puisse assimiler les codes et repères nécessaires à la vie en société et exprimer ses émotions sans qu'elles ne portent atteinte à l'autre.
- **Le besoin d'identité,** soit l'inscription dans une filiation pour se construire en tant qu'individu singulier.
- **Le besoin d'estime et de valorisation de soi** pour qu'il puisse développer sa confiance en lui, l'acceptation de ce qu'il est et l'assurance d'être aimé et aimable.

Vous n'y aviez peut-être pas pensé, mais pour respecter les règles, limites et interdits, votre enfant a aussi besoin de se sentir en sécurité !

- **Pour son besoin d'appartenance, participez à son intégration !** Votre enfant a besoin d'appartenir à un groupe comme sa famille, ses amis, ses camarades de classe, son quartier, sa ville, sa communauté, sa culture. Pour cela, veillez à l'impliquer dans les tâches quotidiennes, dans le respect des règles de vie familiale, à partager les moments où vous vous réunissez. Dans la même lignée, tentez de créer un « écosystème » familial sain, qui s'appuie sur des valeurs fortes (comme le respect, la bienveillance, l'ouverture…) et le partage de moments authentiques. Enfin, laissez à votre enfant la possibilité d'appartenir à des groupes variés (club de sport, groupe d'amis, chorale, troupe de danse, association…) qui lui ouvriront des perspectives différentes et lui permettront de créer du lien.

- **Pour son besoin d'estime, valorisez-le et responsabilisez-le !**
  Votre enfant a besoin d'être encouragé et reconnu dans ses efforts ! N'hésitez pas à souligner ses progrès en lui exprimant votre gratitude et en lui rappelant qu'il peut être fier de lui ! Pour qu'il se sente utile et impliqué, demandez-lui de l'aide pour des tâches simples (mettre la table, la débarrasser, ranger sa chambre), même s'il est encore petit !
- **Pour son besoin de réalisation de soi, laissez votre enfant voler de ses propres ailes (ou presque) !**
  Certes, vous avez encore l'impression que c'est « votre bébé », mais il va vite ressentir le besoin d'explorer le monde, de comprendre ce qui l'entoure, de s'épanouir et de trouver sa place dans la société. Pour cela, laissez-le prendre certaines décisions ! S'il est petit, donnez-lui ainsi la possibilité de choisir : « Tu préfères le pantalon bleu ou noir ? », « Tu préfères une pomme ou une banane en dessert ? »… S'il est grand, veillez plutôt à être à l'écoute de son avis et à accepter les compromis. Et pour aller plus loin, impliquez-le dans la recherche de solutions aux problèmes rencontrés dans sa vie ou dans la vie de famille (voir p. 30).

Je fixe un cadre qui me ressemble (aussi) !

Un cadre qui nous ressemble, vraiment ?

Vous pensez avoir cerné (autant que possible) les besoins de votre enfant ? Il est temps de vous pencher sur les vôtres, de définir quelle va être cette autorité qui vous ressemble et comment elle va participer à fixer le cadre bienveillant que vous recherchez pour votre enfant. Et pour cela, il va falloir faire le point sur vos valeurs.

Avant tout, gardez à l'esprit qu'en la matière, il n'y a pas d'équation gagnante ou de cadre idéal ! Chaque famille a son propre cadre (qui doit évidemment respecter la loi) et l'autorité exercée dans chaque foyer dépend non seulement de l'éducation, mais aussi de la culture dans laquelle on grandit !

Des valeurs, c'est quoi ?
Vos valeurs sont constituées de l'ensemble de vos principes éthiques et moraux. Souvent acquises au cours de l'enfance, elles vous orientent dans vos prises de décisions et vous permettent de choisir votre mode de vie. Mais quelles sont les valeurs que vous souhaitez transmettre à votre enfant ?

Mon pas-à-pas pour définir nos valeurs familiales :

- **Commencez par une question simple : quelles sont vos valeurs personnelles ?**

Pensez à votre enfance et analysez les principes que vous tenez de votre éducation. L'éducation, la religion ou le succès étaient-ils importants aux yeux de vos parents ? Quelle influence cela a-t-il eue sur votre éducation ? N'hésitez pas, si vous en ressentez le besoin, à en parler avec vos propres parents. Ils ont sûrement des choses à vous apprendre sur ce qui a été important à leurs yeux pour vous !

Pour vous aider à formaliser votre pensée, remplissez le tableau ci-dessous.

Les valeurs familiales avec lesquelles j'ai grandi	Comment mes valeurs familiales ont-elles influencé mon éducation ?	Quelles sont mes valeurs aujourd'hui ?
Ex : L'éducation, la réussite… • • • • •	J'ai été exigeant(e) pour mes résultats scolaires, j'ai recherché la performance… • • •	Je suis exigeant(e) pour mon enfant aussi… Mais j'évite de trop lui en demander ! • • •

- **Réfléchissez ensuite aux choix importants que vous avez dû faire.**

Avez-vous gardé ces mêmes principes ? Votre vie de famille reflète-t-elle les valeurs que vous aviez auparavant ? Ou bien, avez-vous changé au fil du temps ? Faites, par exemple, le point sur vos choix professionnels et en quoi ils ont reflété, ou non, vos valeurs passées ou actuelles ?

Mes choix importants	Comment ont-ils été influencés par mes valeurs ?
• Choix d'une carrière dans le social. • • •	La recherche de la justice sociale m'importe davantage. Elle me permet de m'épanouir. • •

- **Faites une liste de toutes les valeurs qui vous tiennent à cœur.**

Demandez à chaque membre de la famille de faire de même. Dès l'âge de 4-5 ans, demandez à votre enfant ce qui est essentiel pour lui au sein de votre famille et notez-le ensemble ! Votre enfant est encore petit, invitez-le à dessiner ce qui est important pour lui !

- **Réfléchissez ensemble à ce qu'elles signifient pour vous :**
  Menez ensuite une discussion en famille et posez à chacun des questions relatives à vos valeurs importantes. Quelques pistes de réflexion : « Qu'est-ce qui importe le plus à notre famille ? », « Qu'est-ce qui te rend heureux ? », « Qu'est-ce qui te rend fier de notre famille ? », « À quoi tu t'attends quand tu rentres à la maison ? », « Qu'est-ce qui te gêne dans notre famille ? » ou encore « Qu'obtiens-tu dans notre famille qu'aucun ami ne pourrait te donner ? »
- **Accordez-vous ensemble sur LA valeur qui incarne le mieux votre famille !**
  Par exemple, l'entraide, l'honnêteté, le partage, la solidarité. Pour commencer, invitez chacun à choisir trois ou quatre valeurs et partagez-les ensemble ! À partir de ces *short list*, trouvez la valeur qui vous ressemble le plus ! N'oubliez pas d'encourager votre enfant à donner son opinion, à valider les choix faits en famille !

Qui ?	Son top 4 des valeurs	La valeur la plus importante pour nous :
Maman		
Papa		
....		
....		

Mon outil pour représenter nos valeurs : le blason familial !

Le matériel qu'il vous faut !
- Une feuille épaisse.
- Des crayons de couleur.
- Une règle.
- Un feutre noir.

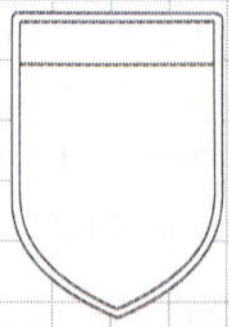

Votre pas-à-pas :

- Avec la règle et le feutre noir, dessinez le contour du blason en vous servant, si vous le souhaitez, du modèle ci-contre.
- Repartez de votre valeur familiale et proposez à votre enfant de dessiner avec les crayons de couleur ce qu'elle représente à ses yeux sur la partie centrale de votre blason ! Attention : n'attendez pas de lui une grande œuvre d'art. L'essentiel est de partager un bon moment en famille !
- Réfléchissez ensuite à une devise qui correspond à votre famille et est partagée par tous : « Un pour tous, tous pour un ! », « Restons unis ! », « Que la force soit avec nous ! »…
- Admirez votre chef-d'œuvre familial, n'hésitez pas à l'afficher à un endroit bien visible de la maison !

Et ensuite, on l'utilise comment ?

Votre blason familial est un moyen de se référer à la valeur principale partagée par votre famille et donc aux règles inhérentes au respect de cette valeur. Vous pouvez ainsi vous y référer ou renvoyer votre enfant à ce qui est important dans votre famille. Par exemple, si vous avez opté pour une valeur d'honnêteté, vous pouvez dire à votre enfant : « Te rappelles-tu de la valeur que nous avons déterminée en famille ? », « Qu'est-ce que l'honnêteté implique ? » ou encore « Qu'est-ce que l'on attend les uns des autres au sein de la famille ? ».

Je lui propose des routines !

Des routines, vraiment ?

Grâce aux routines, votre enfant sait à quoi s'attendre. Pour le rassurer, lui donner l'impression qu'il est en contrôle (et lui permettre de mieux vous écouter), il n'y a rien de tel ! Autre grand avantage des routines : elles permettent à votre enfant de se projeter plus facilement dans ce qui l'attend… C'est l'heure de ranger sa chambre ? Un simple rappel de cette étape de sa journée, quelques minutes avant, peut parfois être suffisant pour que votre enfant vous écoute.

Mon outil pour lui donner des repères : le tableau des routines !

Pour aider votre enfant à se repérer dans sa journée, n'hésitez pas à confectionner ensemble un tableau des routines ! C'est aussi grâce à ces petits détails que son cadre du quotidien est rassurant et bienveillant !

Votre pas-à-pas :

- Divisez votre feuille en trois colonnes : la première pour les horaires, la deuxième pour la routine écrite et la troisième pour l'image ou la photo correspondante.
- Notez dans la première colonne les horaires ou plutôt des plages horaires (plus faciles à tenir qu'un calendrier minuté).
- Notez dans la deuxième colonne la routine à suivre de façon très claire et synthétique (« te brosser les dents », « mettre tes chaussures », « préparer ton sac »…).
- Faites figurer dans la troisième colonne une image qui représente la routine en question. Vous pouvez aussi prendre en photo votre enfant en train de réaliser l'action ou encore lui demander de la dessiner.

Le matériel qu'il vous faut !

- Une feuille A3 ou deux feuilles A4 que vous collez ensemble.
- Des crayons de couleur ou des feutres.
- Un stylo.
- Une règle.

Et ensuite, on l'utilise comment ?

Vous n'avez plus qu'à afficher votre tableau dans sa chambre (ou un endroit stratégique de la maison), bien dégagé et bien sûr, à la hauteur de votre enfant ! Aidez votre enfant à s'y référer les premières fois pour que cela s'installe comme une véritable routine !

L'astuce en plus : la piqûre de rappel !
Avec ou sans l'aide de votre tableau des routines, n'hésitez pas à demander régulièrement à votre enfant : « Qu'est-ce qu'on fait après le bain ? », « À quel endroit se trouve ton pyjama déjà ? »...

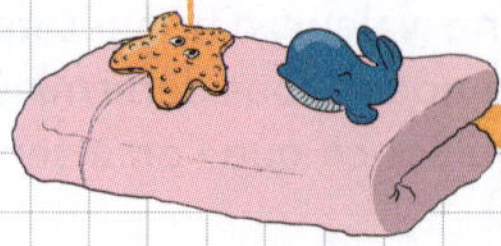

Je pose des limites

Aussi bienveillant soit votre cadre, votre enfant tentera (encore et encore) d'en sortir. Et c'est normal ! En grandissant, il teste(ra) votre autorité. C'est aussi comme cela qu'il devient autonome ! Votre mission : lui fixer des limites !

Des limites, vraiment ?

Poser des limites à votre enfant lui apprend à devenir conscient de ses besoins et de ses limites personnelles comme de celles des autres personnes avec lesquelles il vit ! Certes, elles causent souvent de la frustration pour l'enfant, mais elles lui permettent aussi d'apprendre à vivre socialement !

Ma to-do list pour fixer des limites en douceur :

- **Captez l'attention de votre enfant !**
Poser les limites et les règles avec un ton ferme et clair, ainsi qu'un regard sérieux et assuré, permet de capter l'attention de votre enfant. Par contre, pas question de virer dans la menace (voir p. 11) ! S'il est dans un climat de crainte, votre enfant n'entendra pas le message et le contenu de la règle car il sera trop pris par l'émotion !
- **Expliquez-lui l'interdit et maintenez-le !**
« On ne touche pas la porte du four car elle est très chaude. » Pour qu'une limite soit claire, veillez à la formuler simplement et succinctement ! Votre enfant, même s'il n'en comprendra pas le sens exact, saura qu'il y a une raison qui justifie l'interdit ! Et ne revenez pas sur la limite : non, c'est non !
- **Soyez constant(e) !**
C'est dans la répétition de son comportement et dans la constance de votre réponse que votre enfant intégrera la règle et repérera si ce qu'il fait est autorisé ou non. S'il avance ses doigts vers la prise tout en vous regardant, ce n'est donc pas une provocation, il vérifie juste la règle posée !

J'en finis avec les punitions !

Avec l'expérience, vous êtes bien obligé(e) de vous rendre à l'évidence : les punitions, ça ne marche pas toujours ! Et si vous essayiez plutôt la réparation ? Reconnaître sa responsabilité (d'avoir cassé un objet, d'avoir blessé quelqu'un ou encore d'avoir répondu) et manifester de l'empathie sont des composantes essentielles de la relation à l'autre !

Les punitions : c'est non !

La punition est utilisée la plupart du temps pour conditionner les enfants à ne plus reproduire un comportement indésirable en leur faisant comprendre, par la souffrance engendrée, qu'il n'a pas intérêt à recommencer ! Or, ce que l'enfant en comprend, c'est qu'en reproduisant cette conduite, il sera potentiellement confronté à des cris, voire à des châtiments corporels ou psychologiques, et pourra vivre de la peur, de la culpabilité ou encore de la honte ! En réalité, à part comprendre qu'il vous a déçu, votre enfant n'apprend pas grand-chose d'autre avec la punition ! Pire encore, selon Jane Nelsen, mère de la discipline positive, la punition générerait de la rébellion, un esprit de revanche et de retrait, une envie de dissimuler les choses. Sans compter que si votre enfant finit par obéir, ce n'est pas pour lui, par conviction que c'est la bonne chose à faire. Il obéit uniquement pour éviter la punition.

Ma to-do list pour remplacer la punition par la réparation :

- **Je mets en place une sanction réparatrice !**

La sanction réparatrice est une forme de sanction éducative qui permet de restaurer, remettre en état, retisser du lien, se calmer l'un l'autre. Quand votre enfant transgresse une règle ou a un comportement inacceptable, une sanction réparatrice peut être l'occasion pour vous de manifester un intérêt bienveillant envers votre enfant et de lui confier une responsabilité ! Il a cassé volontairement un jouet ou a tapé un copain ? Sortez la colle et le ruban adhésif et aidez-le à rafistoler le jouet ou demandez-lui de formuler des excuses à son copain et d'imaginer ce qu'il a ressenti !

- **Je lui propose d'être à l'initiative de la réparation !**

Il est important que votre enfant arrive progressivement à reconnaître sa part de responsabilité dans une « erreur », parvienne à l'assumer et idéalement, que la proposition de réparation vienne de lui ! En effet, si votre enfant souhaite réparer, cela induit qu'il reconnaît ses actes et veut (dans la mesure du possible) en annuler les conséquences ou tout du moins les compenser ! Face au jouet cassé de son copain, dites-lui simplement : « Et maintenant, qu'est-ce que tu pourrais faire ? »

- **Je discute avec lui du sens de la réparation.**

Cela lui permettra de prendre du recul par rapport à ses actes, de réfléchir au bien-fondé des règles !

- **Je reste vigilant(e) à ce que la réparation reste en lien avec la « nature de la faute » commise.**

Votre enfant a mis du désordre : il doit ranger ! Il a blessé un copain avec ses mots : il doit lui trouver des qualités...

- **J'utilise, moi aussi, la réparation !**

Vous vous êtes emporté(e), avez crié, avez puni votre enfant sous le coup de la colère ? Pensez aux « 3 R » !

Les « 3 R » de la réparation, vous connaissez ?

Jane Nelsen, toujours elle, propose trois étapes dans le processus de réparation :

1. Reconnaître (sa responsabilité) : cela passe par la prise de conscience de l'erreur ou du dommage causé (même s'il ne l'a pas fait exprès).

2. Réconcilier pour permettre de rétablir la relation, recréer de la connexion entre les deux protagonistes et retrouver son calme (« je suis désolé(e) », « je suis allé(e) trop loin »).

3. Résoudre pour trouver des solutions permettant de réparer (« Comment réparer mes erreurs ? », « Comment faire différemment la prochaine fois ? »).

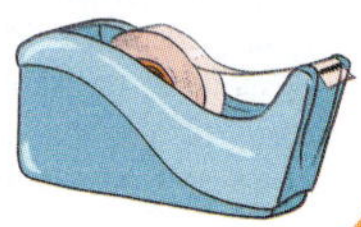

Par ailleurs, la réparation peut prendre plusieurs formes : elle peut être directe et matérielle, compensatrice (quand ce qui a été endommagé ne peut être réparé) ou encore symbolique (certaines choses ne sont pas réparables, l'enfant peut choisir la manière dont il présentera ses excuses de manière sincère).

Je mets en place un bon outil de communication

Prévoir des moments pour échanger régulièrement en famille : à vue de nez, vous seriez sûrement tenté(e) de dire pourquoi pas ! En réalité, cet outil permettra non seulement de renforcer le cadre bienveillant de votre famille en créant une nouvelle routine et en favorisant la compréhension de vos besoins mutuels, mais en plus, il vous permettra de déployer votre autorité sereinement ! Dites (un grand) OUI au TEF !

À quoi sert le temps d'échange en famille ou TEF ?

Développé par Jane Nelsen, le TEF est « une opportunité régulière et planifiée pour apprendre à s'apprécier de façon positive, à se concentrer ensemble sur les solutions qui faciliteront le plaisir de vivre ensemble et à développer les compétences sociales nécessaires au plein épanouissement de chacun ». Le TEF sert donc à chercher des solutions en famille face aux problèmes du quotidien (non-respect des règles, bagarre frère/sœur, intimité de chacun, etc.), voire même à les anticiper ! Mais il permet aussi à chacun de développer des capacités d'écoute et de respect mutuel, d'attention à l'autre. Grâce à ces moments ensemble, vous pourrez comprendre la réalité de chacun (en reconnaissant parfois votre part de responsabilité ou votre erreur !) et surtout COOPÉRER ! Et si vous vous lanciez ?

Mon pas-à-pas pour mettre en place des TEF efficaces !

- **Pratiquez les appréciations positives !**

Vous êtes rassemblés dans votre QG de TEF ? Commencez sur une note positive ! Lors de cette première étape, chaque membre de la famille remercie les autres pour une action réalisée au cours de la semaine (« Je te remercie de m'avoir aidé(e) hier à ranger les courses », « Merci d'avoir joué avec moi »). Au début, l'exercice pourra vous sembler difficile, (ou pour votre enfant !), mais vous verrez, avec de l'entraînement, exprimer de la gratitude deviendra de plus en plus naturel et vous fera même plaisir !

- **Faites le bilan depuis le dernier TEF !**

Cette étape permet de faire le suivi des décisions prises au cours de votre dernière réunion de famille. L'objectif : remarquer que des solutions proposées ont fonctionné et aussi remettre à l'ordre du jour des sujets « non résolus ». Reprenez ainsi simplement ce qui avait été convenu préalablement : « Concernant le premier qui prend sa douche, est-ce que cela a fonctionné ? » Si le bilan est mitigé, essayez, pour la semaine à venir, une des autres solutions préalablement proposées jusqu'au prochain TEF !

- **Revenez sur les points à l'ordre du jour !**

Entre chaque TEF, laissez à la portée de tous une feuille ou un cahier dédié pour que chacun puisse y noter (ou faire noter) les points qu'il aimerait aborder pendant le prochain TEF ! Ces points ne sont pas forcément des problèmes à résoudre, mais peuvent aussi être une idée de sortie, un anniversaire à organiser ou encore les prochaines vacances à programmer ! Appelez-les comme vous le souhaitez : idées de la semaine, ordre du jour, etc. L'objectif n'est pas de tout résoudre ou d'éliminer tous les conflits, mais de vous offrir un espace d'expression et d'écoute tout en se respectant les uns les autres.

- **Faites-vous plaisir ensemble !**

Pour finir votre TEF en beauté, partagez une envie commune, que ce soit un jeu, un film, un apéritif ou encore en planifiant une sortie en famille, un événement à venir. L'essentiel est, vous l'aurez compris, de choisir ensemble !

Quelques astuces pour des TEF au top !

- Fixez un rendez-vous régulier d'environ quinze à trente minutes par semaine, à un moment qui vous convient à tous. Et évidemment, pas d'annulation !
- Veillez à ce que tous les membres de la famille soient bien présents !
- Motivez vos enfants : mettez en avant les points positifs, désignez un gardien du temps…
- Respectez-vous ! Le TEF est un temps dédié à l'écoute : si vous avez tendance à vous interrompre les uns les autres, optez pour un bâton de parole.
- Soyez flexible et restez bienveillant(e) ! Si jamais la discussion devient très animée, vous pouvez reporter la recherche de solutions à la semaine suivante afin de laisser le temps à chacun de s'apaiser.

J'adopte les « 5 C » des règles efficaces !

Respecter les règles ? Sur le papier, cela ne vous semble pas bien compliqué ! Et pourtant, en pratique, votre enfant semble parfois être en difficulté ! Mais êtes-vous sûr(e) que vos règles sont vraiment efficaces ? Pour ajuster le tir, pensez aux « 5 C » !

Le bienfait des règles : et si vous lui expliquiez ?
Une règle sans explications trouvera toujours peu d'écho chez votre enfant. Pourquoi ? Parce qu'il aura tendance à croire et à vivre que vous exercez votre pouvoir de contrôle par simple plaisir ! Or, s'il comprend pourquoi telle ou telle consigne existe, il lui sera plus facile de l'accepter et de l'assimiler. Rappelez-lui ainsi que certaines sont mises en place pour favoriser la sécurité, le mieux vivre ensemble, le respect de son corps, etc.

C comme Claires !

Une règle claire, c'est quoi ?

Pour que votre enfant puisse les respecter, les règles et les conséquences qu'elles engendrent doivent être claires et connues. Elles doivent aussi être peu nombreuses, faciles à comprendre et adaptées à l'âge de votre enfant !

Comment procéder ?

Employez des mots que votre enfant comprend !

- Ne laissez pas de place à l'interprétation : si ce n'est pas assez clair, vous pouvez aussi utiliser des dessins ou des schémas !
- Limitez-vous à deux ou trois règles pour les plus petits !

Le bon réflexe :

Si votre enfant court dans le salon, vous pouvez lui dire : « Il faut marcher dans le salon, car si tu cours tu peux tomber ou te cogner, et te faire très mal. »

Par contre, évitez…

« Ne cours pas dans le salon ! »

C comme Concrètes !

Une règle concrète, c'est quoi ?

Inutile d'en faire des tonnes ! Quand vous instaurez une règle, allez à l'essentiel, limitez les détails et les explications pour que votre enfant puisse bien la saisir. Si le comportement de votre enfant est inadéquat dans une situation précise, vos mots concrets et toujours bienveillants l'aideront à mieux comprendre.

Comment procéder ?

Formulez les règles en indiquant le comportement attendu, et non celui que vous ne voulez pas que votre enfant adopte !

Le bon réflexe :

Dites : « Parle doucement » ou « Ici, il faut marcher ».

Par contre, évitez...

« Arrête de crier ! » ou « Ne cours pas ! ».

C comme Constantes !

Une règle constante, c'est quoi ?

Peu importe l'âge de votre enfant, les règles le sécurisent et le rassurent, tout particulièrement quand vous les appliquez toujours de la même façon, peu importe votre humeur, votre fatigue ou encore le contexte ! Il saura ainsi à quoi s'attendre et comprendra de façon claire ce qui est accepté et ce qui ne l'est pas.

Comment procéder ?

Veillez à faire appliquer les mêmes règles par tous les adultes qui entourent votre enfant (grands-parents, nounou, etc.).

Le bon réflexe :

Si la règle c'est « pas de télé avant le coucher », alors tenez bon… malgré ses supplications et ses grands yeux doux !

Par contre, stop au...

Changement de règle d'un soir à l'autre !

C comme Cohérentes

Une règle cohérente, c'est quoi ?

Il est primordial de respecter vous-même les règles que vous fixez pour votre enfant ! Donnez l'exemple ! N'oubliez pas : en grandissant, votre enfant pourra rapidement déceler les incohérences dans votre comportement et donc remettre vos règles en question.

Comment procéder ?

Avant d'établir une règle, assurez-vous que vous serez vous-même en mesure de l'appliquer. Rappelez-vous, vous êtes son modèle !

Le bon réflexe :

Si vous demandez à votre enfant de ne pas dire de gros mots, utilisez vous-même un langage policé !

Par contre, stop...

Au Smartphone à table (même pour vérifier la météo ou lui montrer une photo), alors que la règle est claire à la maison : c'est vingt minutes de tablette par jour et jamais d'écrans pendant les repas !

C comme Conséquences

Les conséquences, c'est quoi ?

Quand elles ne sont pas respectées, les règles que vous fixez doivent (idéalement) avoir une conséquence en lien direct avec le comportement de votre enfant. Ainsi, il pourra comprendre son erreur, se corriger et apprendre de nouveaux comportements.

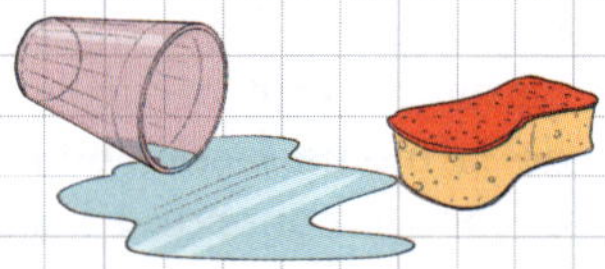

Le bon réflexe :

Si la règle chez vous est de ne pas courir autour de la table du salon et que votre enfant, en l'ignorant, renverse de l'eau, dites-lui en douceur qu'il peut nettoyer ce qu'il vient de faire. Il a lancé un jouet ? Il doit aller le récupérer s'il veut continuer à jouer avec. Il a fait mal à un copain ? Il doit s'excuser et consoler son ami. Il a cassé un de ses jouets sous le coup de la colère ? Il doit le réparer (avec votre aide, si besoin, évidemment) !

Par contre, évitez...

De ramasser après lui, s'il a jeté sa nourriture par terre au cours du repas ! C'est à lui de nettoyer !

Au secours, il refuse les conséquences !

Comment réagir ?

- Vérifiez qu'il a bien compris la consigne que vous lui avez donnée. Dites-lui simplement : « Qu'est-ce que je t'ai demandé ? » sans répéter la consigne. Cela vous indiquera s'il a saisi votre demande.
- Il n'a peut-être pas saisi l'impact de son geste ? Répétez la raison impliquant une conséquence en lui expliquant pourquoi vous l'appliquez : par respect pour son frère, pour sa sécurité ou son bien-être, etc.
- Il peine à contrôler ses pulsions ? Mettez des mots sur son désir en lui disant par exemple : « Je comprends que tu aies envie de passer plus de temps avec moi. On se planifie un petit moment ensemble demain ? »

Allez, on se lance en réalisant notre tableau des règles !

Vous avez une idée un peu plus précise des règles que vous voulez mettre en place ? Mobilisez toute la famille et lancez-vous dans la réalisation de votre tableau des règles. Une seule consigne : vous amuser et respecter les « 5 C ».

Votre pas-à-pas :

Le matériel qu'il vous faut !

- Une feuille.
- Une règle.
- Des crayons de couleur ou des feutres.

- Discutez en amont des règles de vie et ciblez ensemble deux ou trois règles à appliquer par tous !
- Dessinez un tableau à deux colonnes : la première colonne correspond à la règle (représentée par un seul mot comme le respect, la politesse, l'honnêteté) et la deuxième colonne représente les comportements attendus. Pour les plus petits, vous pouvez trouver un pictogramme qui représente la règle et le placer dans la case correspondante !
- N'hésitez pas à faire participer votre enfant : il peut ajouter de la couleur, ou encore dessiner la règle !

Et ensuite, on l'utilise comment ?

Référez-vous au tableau des règles chaque fois que cela est nécessaire et invitez votre enfant à faire pareil, notamment lorsqu'une des règles mentionnées n'est pas appliquée !

Mes tips pour l'aider à comprendre les consignes !

Vous avez réussi à mettre en place un cadre de vie bienveillant pour tout le monde, vos règles sont des modèles de clarté, de constance & Co. Et pourtant, vous avez sûrement remarqué que votre enfant n'est pas aussi coopératif que vous l'aimeriez. Mais avez-vous pensé à adapter vos consignes à son âge ? Vite, des conseils sur mesure !

Mon bébé n'a pas 2 ans !

À son âge, il comprend quoi exactement ?

- À partir de 10-12 mois, lorsque votre bébé commence à se déplacer, à prendre possession de son environnement, il touche à tout ce qui l'entoure. C'est normal, il découvre le monde qui l'environne, à commencer par les plantes, la vaisselle, les prises électriques, l'aspirateur, les objets fragiles, la queue du chat… Et si vous n'avez pas un intérieur *baby proof*, vous allez passer votre journée à dire NON vingt fois, cinquante fois… Bref, tout le temps !

- Puis, à partir de 18 mois, il prend davantage conscience de son individualité, sait qu'il n'est pas le prolongement de son parent, mais bien une personne à part entière. Il veut s'affirmer, prendre ses propres décisions. Et là encore, c'est parfaitement normal : cette étape est même nécessaire à son bon développement, pour qu'il puisse prendre confiance en lui et devenir autonome ! « Range tes jouets, lave-toi les mains et viens à table ! » C'est généralement vers cet âge que les consignes commencent également à fuser. Le hic : le cerveau immature de votre enfant ne lui permet pas de retenir plusieurs consignes en même temps. Au mieux, il s'exécutera pour la dernière action. Mais généralement, il vous regardera, vous sourira (il a bien compris que vous vous adressiez à lui, c'est un bon point !), puis il continuera à jouer, imperturbable !

Alors, est-ce que l'enfant âgé de 1 à 2 ans est véritablement en mesure d'écouter une consigne ? Oui, mais pas n'importe comment !

Et je mise sur…

Des formulations simples, concrètes et courtes ! « Viens ici ! », « Donne-moi ta poupée ! », « Va chercher ton ballon ! » sont le genre de consignes auxquelles un enfant entre 1 et 2 ans peut ainsi répondre sans problème.

Les tips qui fonctionnent :

- Gardez le contact visuel, mettez-vous à sa hauteur !
- Dites une seule consigne à la fois !
- Utilisez des gestes ou des images !
- Répétez, répétez, répétez !
- Accompagnez votre demande d'un geste qui permettra à votre enfant de mieux visualiser ce que vous désirez qu'il fasse, particulièrement entre 12 et 15 mois. Par exemple, lorsque vous lui demandez « Assieds-toi ! », pointez le sol ou le banc où il doit s'asseoir. Quand vous lui dites « Apporte-moi le livre ! », pointez vous-même l'objet du doigt. Vous verrez, après quelques semaines, il ne sera plus nécessaire de faire ces mouvements : il aura bien assimilé ces consignes de base.

Mon enfant a 2-3 ans

À son âge, il comprend quoi exactement ?

Certes, les enfants de 2 à 3 ans comprennent des phrases plus complexes que les plus jeunes, mais les subtilités peuvent leur échapper, surtout au début ! Vous croyez que votre enfant fait la sourde oreille à vos consignes ? Peut-être est-ce simplement qu'il ne vous a pas compris(e) !

Et je mise sur...

Tant qu'il a 2 ans, continuez à lui demander des choses simples, mais en reliant deux éléments, comme : « Apporte-moi ton pull et ton pantalon », « ...ton bol et ta cuillère ». Vous pouvez aussi commencer à inclure des termes d'orientation spatiale : « Mets ton bol sur le comptoir », « Range les blocs dans leur boîte ». Lorsque votre enfant répondra enfin bien à ce type de demande (vers 3 ans), vous pourrez ajouter une autre consigne à la première : « Apporte ton bol et ta cuillère et viens t'asseoir à ta place. »

Les tips qui fonctionnent :

- Utilisez des consignes simples, raccourcissez vos phrases, simplifiez votre vocabulaire !
- Posez-lui des questions pour l'aider à comprendre les consignes : « Qu'est-ce qu'on met aux pieds pour sortir ? », « Qu'est-ce qu'on fait avant de passer à table ? »...
- Faites-lui répéter pour vérifier qu'il a bien compris !
- Utilisez des consignes positives !

Mon enfant a entre 4 et 5 ans

À son âge, il comprend quoi exactement ?

Les enfants de 4-5 ans veulent comprendre comment le monde et les choses fonctionnent. Alors expliquez-lui (sans trop simplifier), en posant des questions sur ses propres connaissances et conceptions du monde ! Côté consignes par contre, ne vous attendez pas à des miracles. Certes, il a grandi, mais cela ne veut pas dire que votre enfant va suivre toutes les consignes tout le temps, sous prétexte que vous les lui avez déjà expliquées quelque temps auparavant ! Par contre, il est davantage en mesure de comprendre pourquoi les limites et les règles sont nécessaires.

Et je mise sur...

Des consignes qui demandent de faire trois actions de suite comme « Va chercher un mouchoir, mouche-toi, puis reviens ici », « Range tes jouets, choisis un livre, puis assieds-toi » ou qui comprennent des notions plus abstraites avec des termes liés à l'espace ou au temps. C'est bon, il a l'âge pour « Mets tes chaussures en dessous du banc bleu » ou « Brosse-toi les dents, après nous lirons une histoire ».

Les tips qui fonctionnent :

- Continuez à formuler vos consignes avec des phrases simples, courtes, dans un langage positif et à les répéter autant de fois que nécessaire.
- Assurez-vous qu'elles sont comprises en posant des questions et en attendant que votre enfant confirme que oui, il a tout bien intégré !
- Pensez à souligner les succès et le respect des consignes par un renforcement verbal positif (« merci, tu as… », « c'est agréable quand tu… »).
- Continuez à l'accompagner en partageant votre inquiétude pour sa sécurité (quand c'est nécessaire) et détaillez vos attentes et les règles de sécurité (quoi ? où ? quand ?).

Mon enfant est un grand… de plus de 6 ans !

À son âge, il comprend quoi exactement ?

La période de 6 à 10 ans est une formidable phase de développement et de complexification de la vie intérieure de votre enfant ! La preuve ?

- À partir de 7 ans, sa pensée devient plus souple, moins égocentrée, plus logique.
- Autour de 8 ans, votre enfant devient plus responsable, il est d'ailleurs heureux d'offrir son aide autant aux enfants qu'aux adultes. Vous pouvez donc lui donner quelques tâches à faire à la maison, comme mettre la table, passer le balai, vider le lave-vaisselle ou ranger des vêtements ! C'est aussi le moment de laisser votre enfant utiliser ses compétences naissantes en matière de résolution de problèmes pour relever seul certains des défis qu'il rencontre. Qu'il oublie sans cesse ses crampons de football pour s'entraîner ou qu'il ne sache pas comment mener à bien son projet d'exposé en sciences, encouragez-le à réfléchir à des solutions potentielles, puis à choisir une stratégie à tenter.

- À partir de 9 ans, sa mémoire, sa concentration, son attention et son temps de réaction augmentent de façon notable.

Et je mise sur…

Des consignes de plus en plus complexes avec plusieurs étapes : « Mets ton pyjama, va te brosser les dents et tu trouveras un jouet caché dans le tiroir de la salle de bains. » Si votre consigne est trop complexe et que votre enfant en oublie une partie, aidez-le à la décomposer en plusieurs consignes simples comprenant une seule action !

Les tips qui fonctionnent :

- Vérifiez qu'il a bien compris en lui demandant de vous expliquer ce qu'il doit faire !
- Expliquez-lui le pourquoi de la consigne. Par contre, n'oubliez pas de lui donner uniquement les explications nécessaires pour ne pas entrer dans des détails inutiles (« On marche sans faire de bruit pour ne pas réveiller les bébés », « On range les jeux pour pouvoir faire une autre activité »).
- Fabriquez une liste des consignes les plus fréquentes et affichez-la !
- Donnez-lui une démonstration ou un exemple !
- Rendez la consigne agréable, votre enfant doit vouloir la respecter ! Faites attention à votre ton de voix, jouez avec l'expression de votre visage et votre corps !

Mes 7 commandements pour assurer le respect des consignes !

Vous ne diriez pas non à un petit coup de main supplémentaire pour l'aider à respecter les consignes ? Voilà ce qu'il vous faut !

Des consignes positives, je donnerai !

Vous avez peut-être parfois l'impression de passer votre temps à dire non à votre enfant ? Si vous êtes loin d'être seul(e) dans ce cas, ce réflexe pourrait bien être contre-productif ! En effet, dire ce que vous ne voulez pas à votre enfant ne rend pas forcément évident ce que vous voulez (pour lui en tout cas) !

L'objectif à atteindre :

Parvenir à formuler vos demandes positivement ! Non seulement ce changement de tournure indiquera à votre enfant ce que vous voulez qu'il fasse, plutôt que ce que vous ne voulez pas qu'il fasse, mais cela vous invitera alors à réfléchir à vos propres attentes : qu'attendez-vous vraiment comme action ou comportement de la part de votre enfant ?

Mon outil pour remplacer les interdits par des consignes !

Exercez-vous à passer aux formulations de consignes positives à l'aide de ce tableau :

Interdits	Consignes positives
« Ne touche pas à ça ! »	« Tu peux jouer avec ceci… »
« Ne saute pas sur le canapé ! »	« Assieds-toi sur le canapé… »
« Arrête de crier ! »	« Comment peux-tu me parler pour que je t'entende ? »
« Ne me parle pas comme ça ! »	
« N'ouvre pas cette porte de placard ! »	
« Arrête de lancer tes jouets ! »	
« Il est interdit de monter sur la table ! »	

Sa compréhension, je vérifierai !

Vous avez demandé douze fois à votre enfant de ramasser son linge et de le mettre dans le panier… Et pourtant, aucune réaction : il continue son activité comme si de rien n'était ! Avant que la moutarde ne vous monte complètement au nez, faites un point avec lui !

L'objectif à atteindre :

Vérifier qu'il a bien compris votre consigne en lui posant quelques questions : « Comment comprends-tu ce que je te demande ? », « Pourrais-tu me dire ce que tu as retenu ? », ou encore « Pourquoi penses-tu que je te demande cela ? ». Si visiblement, il semble ne pas avoir compris la consigne, répétez-lui !

Mon outil pour l'aider à mieux comprendre : le jeu du « Et si… »

Pour vous assurer que votre enfant a bien compris la consigne et éviter plus tard bien des tempêtes émotionnelles, n'hésitez pas à jouer ensemble au jeu du : « Et si tu te trouvais dans cette situation, que ferais-tu ? » L'intérêt : revisiter les consignes avec votre enfant et les répéter de manière ludique pour que cela s'imprime !

Comment procéder ?

- Déterminez à l'avance des scénarios qui représentent les consignes les plus fréquentes que vous utilisez avec votre enfant. Par exemple : « Et si tu te trouvais dans ta chambre et que tes jouets étaient étalés partout sur le sol ? Que ferais-tu ? Quelle est la consigne que je te donne dans cette situation ? »
- Prenez un temps avec votre enfant pour lui proposer deux ou trois scénarios et observez sa réponse ! Évidemment, aidez-le à trouver la consigne si vous voyez qu'il peine !

À participer, je l'inviterai !

Laisser votre enfant décider de sa tenue ? Pas question, c'est un coup à le retrouver en short et en tee-shirt en plein hiver ! Ce n'est tout simplement pas possible pour sa santé ! Et si vous le laissiez plutôt décider de sa tenue tout en lui montrant les piles dans lesquelles il peut piocher et ainsi prendre la décision finale ? Cela ne veut pas dire que vous perdez tout contrôle. Cela signifie simplement que vous l'aimez et le respectez suffisamment pour lui donner l'occasion de participer !

L'objectif à atteindre :

Proposer à votre enfant de prendre les décisions qui l'amènent à respecter la consigne que vous lui avez donnée ! Il pourra mieux collaborer avec vous s'il sent qu'il a un peu de pouvoir sur ce qui lui arrive ! Mais attention, pas question de le laisser décider pour tout ! Face à une consigne difficile à respecter, offrez-lui simplement deux ou trois choix et laissez-le trancher !

Mon outil pour le responsabiliser : je m'entraîne à reformuler la consigne !

Il suffit parfois de donner une consigne autrement à votre enfant pour l'engager à la respecter ! Entraînez-vous à lui laisser certains choix avec le tableau ci-dessous.

J'évite...	Je tente plutôt
« Range tes jouets ! »	« Veux-tu commencer par ranger tes blocs de construction ou tes dinosaures ? »
« Fais tes devoirs ! »	« Tu veux commencer par apprendre la poésie ou par réviser ta table de six ? »

L'ordre des choses, je lui expliquerai !

Peut-être que votre enfant serait plus motivé pour respecter la consigne s'il savait ce qui l'attend après ? Eh oui, connaître les étapes à l'avance, savoir ce qui va se passer, c'est rassurant pour votre enfant et cela peut même faciliter son implication !

L'objectif à atteindre :

Expliquer le déroulement logique de l'activité et donc celui de la consigne ! En rappelant étape par étape comment se déroule les choses, votre enfant comprendra qu'avant de passer à une autre activité, il faut que la première soit terminée.

L'astuce qui fonctionne à (presque) tous les coups : rappelez-lui les jolies choses qui l'attendent !

Dites-lui par exemple, « Range d'abord tes jouets, après je pourrai te lire une histoire », plutôt que « Si tu ne ranges pas tes jouets, je ne te raconte pas d'histoire ».

Du jeu et de l'humour, j'abuserai !

Votre enfant a du mal à s'habiller seul ? Il a renversé sa gourde d'eau entière sur le canapé ? Il est parfois possible de réagir avec humour pour lui faire réaliser que ce n'est pas si grave et éviter bien des prises de tête ! Lancez-vous : vous n'avez rien à perdre !

L'objectif à atteindre :

Faire diversion ! En utilisant le jeu ou l'humour pour faire respecter la consigne, vous attirez l'attention de votre enfant vers le plaisir plutôt que sur le choix de faire ou non ce que vous lui demandez. Sans compter que rire avec votre enfant peut vous permettre de vivre un moment vraiment privilégié et renforce le lien d'attachement entre lui et vous !

Mes petits jeux pour lui faire écouter les consignes :

- **La course à l'habillage** : plutôt que de lui demander pour la douzième fois de s'habiller, dites-lui : « On compte jusqu'à trois et le premier habillé a gagné ! »
- **Le colin-maillard du linge sale** : vous lui avez dit « Va mettre ton linge dans le panier à linge sale, s'il te plaît » sans succès ? Proposez-lui plutôt : « Prends ton linge, ferme les yeux et laisse-moi te guider vers un endroit spécial. »

- **Les pas de fourmi ou pas de géant :** vous le prévenez sans cesse de ne pas courir dans le salon, dites-lui : « Fais maintenant des tout petits pas de fourmi. » Vous êtes super en retard pour l'école ? Oubliez le traditionnel « dépêche-toi » et invitez-le à faire des pas de géant !
- **Le Jacques a dit des consignes positives :** quand vous dites « Jacques a dit », votre enfant doit respecter la consigne qui vient derrière comme « Va à la douche ! ». Attention à ne pas utiliser la négation !

Le mot unique, j'emploierai !

Vous avez tendance à expliquer tout en long, en large et en travers à votre enfant ? Ce n'est pas un tort, bien au contraire : les explications sont même une des bases de l'éducation bienveillante ! Par contre, quand il s'agit de poser une limite, pas question de discuter pendant des heures de choses non discutables, au risque que votre enfant décroche.

L'objectif à atteindre :

Faire (très) bref ! Quand il s'agit de rappeler une consigne, pas besoin d'y passer des heures ! Un seul mot peut suffire pour que votre enfant comprenne très bien. Et pour cause : son cerveau traite mieux une information courte qu'une longue phrase ou une grande explication qui lui ferait perdre le fil.

Mon outil pour faire court : une consigne, un synonyme !

Commencez par transformer les consignes les plus régulières que vous donnez à votre enfant en réduisant votre formulation habituelle à un mot. Par exemple : « Va te brosser les dents, s'il te plaît, avant d'aller au lit » devient « Dents » ou encore « Mets tes chaussures pour aller dehors » devient « Chaussures ». Bien entendu, le ton est aussi important : il doit être un doux mélange de fermeté et de bienveillance !

À le valoriser et le remercier, je m'attacherai !

En tant que parent, vous pensez toujours à sermonner votre enfant quand il adopte un comportement que vous jugez inapproprié. Normal, après lui avoir demandé de mettre la table dix fois et qu'il traîne des pieds, vous êtes agacé(e) ! Et si vous optiez pour une autre stratégie ?

L'objectif à atteindre :

Penser à le valoriser et à le remercier quand il coopère ! Ces simples petites phrases peuvent créer une différence ! Pour y parvenir, procédez en deux temps : repérez d'abord les compétences de votre enfant, puis les attitudes positives qu'il peut avoir pour bien les mettre en valeur !

Mon outil pour lui dire merci : je n'oublie pas les mots magiques !

Entraînez-vous à l'aide de ce tableau à le remercier selon l'attitude positive qu'il a eue !

Ses attitude positives	Vos remerciements !
Il est resté calme.	« Je te remercie d'avoir respecté mon besoin de calme. »
Il a pris sa douche sans que je lui demande.	« J'ai remarqué que cela fait plusieurs jours que tu files à la douche sans que j'aie à te le demander et c'est très appréciable ! »
Il a préparé son sac tout seul.	« Je te suis reconnaissant(e) d'avoir préparé ton sac tout seul. »

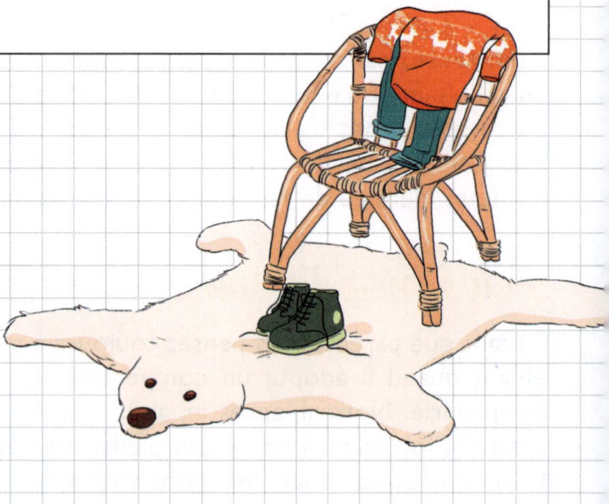

Chapitre 3

Je l'accompagne dans ses émotions

Respecter les consignes, les règles ? Ce n'est pas toujours facile pour votre enfant, surtout quand les émotions s'en mêlent. Votre objectif : l'aider à mieux vivre ses émotions pour lui permettre de rester « dans le cadre » et surtout l'accompagner dans ses petits et grands moments de frustration ! Tout un programme !

Mon programme pour l'aider à gérer ses émotions

Qu'il soit en colère, triste ou super frustré, votre enfant exprime ses émotions de façon brute, sans filtre… Et en tant que parent, vous les recevez souvent de plein fouet, surtout quand vous essayez d'imposer une limite ! Votre mot d'ordre pour apaiser la situation : donner un sens aux émotions de votre enfant et utiliser les bons outils pour l'aider à les gérer !

À quoi sert une émotion ?

Dans les années 1970, le psychologue américain Paul Ekman a étudié les émotions primaires en analysant les micro-expressions des visages humains de toutes les ethnies confondues. Il a ainsi identifié six émotions de base : la colère, la peur, la tristesse, la joie, le dégoût et la surprise. Des recherches plus récentes menées par Rachael Jack à l'Université de Glasgow suggèrent, quant à elles, qu'il n'y aurait que quatre émotions de base : la colère, la peur, la tristesse et la joie. Quel que soit leur nombre, ces émotions de base sont à la fois temporaires (elles ne durent pas plus d'une minute trente), mouvantes et surtout très utiles : tout comme un GPS, elles nous guident et servent à nous faire réagir face à notre environnement ! La peur est ainsi une alerte face à une menace, réelle ou imaginée. Utiles, les émotions le sont aussi pour la communication et l'expression de nos besoins. Ainsi, quand votre enfant se met en colère, il vous fait savoir sa frustration face à l'expression d'un besoin non satisfait !

J'accueille son émotion !

Pourquoi c'est important...

Être à l'écoute de l'émotion de votre enfant est bénéfique à plusieurs titres :

- D'abord, vous l'aiderez à se sentir reconnu comme une personne et à construire sa propre identité !
- Ensuite, vous lui permettrez de revenir à un état d'apaisement !

Mais attention, accueillir, ce n'est pas céder ! Vous pouvez tout à fait reconnaître que votre enfant a très envie du paquet de bonbons, sans pour autant lui donner ! Reconnaître l'envie de votre enfant l'aidera alors d'autant mieux à supporter la frustration de ne pas y avoir accès. Votre rôle : l'aider à prendre conscience de ce qu'il ressent, ce qu'il est en train de vivre et tout cela de façon bienveillante !

Mon pas-à-pas pour éviter les maladresses :

- **Soyez attentif(ive) aux phrases qu'il vous arrive de prononcer** comme « ce n'est pas grave », « ça va, tu n'as pas mal », « ce n'est pas la fin du monde »... Certes, elles sont quasi automatiques chez tous les parents en cas de (nouveau) bobo ou d'énième perte du joujou fétiche du moment, mais ces phrases rejettent totalement les émotions et les modes d'expression de votre enfant ! Pire, ces formulations viennent contredire l'expérience intérieure de votre enfant et peuvent le dérouter, le blesser.
- **Laissez votre enfant s'exprimer et mettre des mots sur son expérience.** Cela lui permettra non seulement de s'apaiser plus facilement, mais aussi de développer son intelligence émotionnelle ! N'hésitez pas à lui dire : « Tu as le droit de pleurer ou d'être en colère. C'est frustrant quand on doit respecter des limites et qu'on n'en a pas envie ! »

L'intelligence émotionnelle, on en parle ?
L'intelligence émotionnelle (aussi connue sous le terme de compétences émotionnelles ou psychosociales) repose sur la connaissance des émotions et la capacité à s'adapter aux émotions de l'autre ! En développant les compétences émotionnelles de votre enfant, vous l'aiderez à apprendre et à reconnaître ses émotions, à les comprendre, mais surtout à s'y adapter ! Cet ensemble de compétences lui permettra d'avoir une plus grande confiance en lui, de réduire son stress, de favoriser sa réussite scolaire et son équilibre émotionnel à l'âge adulte. Tentant, n'est-ce pas ?

Je l'aide à mettre des mots sur son ressenti

Pourquoi c'est important...

En verbalisant l'émotion de votre enfant, vous pourrez l'aider à en diminuer l'intensité ! En effet, en reliant son émotion à sa cause (il a eu peur car il a été surpris par ce gros bruit, par exemple), vous lui permettrez de mieux comprendre ce qu'il vit !

Mon pas-à-pas pour éviter les maladresses :

- Pour commencer, **n'hésitez pas à aider votre enfant à exprimer son ressenti** en lui demandant : « Quelle émotion ressens-tu, là, maintenant ? » Il est trop petit, n'y arrive pas encore tout seul ? N'hésitez pas à utiliser des images représentant les quatre émotions de base (avec des smileys ou des personnages). Une fois qu'il a désigné l'émotion, à vous de la verbaliser pour qu'il apprenne petit à petit à poser des mots sur son ressenti. L'alternative : utiliser la roue des émotions (voir ci-dessous) !

- Ensuite, **proposez-lui d'identifier l'intensité de ce qu'il vit,** le « comment c'est fort ». À cette fin, vous pouvez lui proposer une échelle de 0 à 10 (pour les plus grands) ou mimer avec vos mains un petit écart pour une petite intensité et un grand écart pour une plus grande.
- Enfin, **aidez votre enfant à regarder ce qui se passe dans son corps,** pour qu'il puisse repérer les sensations corporelles en lien avec l'émotion qu'il est en train de vivre ! Si c'est de la peur, vous pouvez lui dire : « Tu as peur ? C'est comment dans ton corps ? Montre-moi où ? » Et mettez des mots sur son ressenti. Il vous montre sa poitrine ? Dites-lui : « Ah oui, quand tu as peur, ton cœur bat plus vite ! »

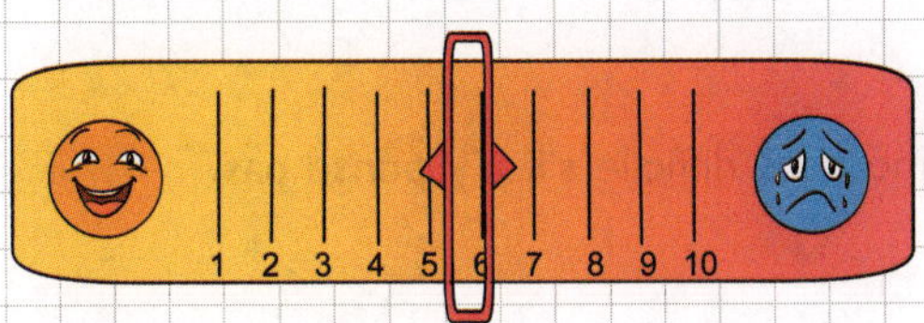

L'outil en plus : la roue des émotions !

Dès l'âge de 2 ou 3 ans, votre enfant pourra mettre un nom sur l'émotion qu'il ressent en s'aidant de cette roue hyper-facile à utiliser. Pour commencer en douceur, faites-y apparaître les quatre émotions principales (la colère, la tristesse, la peur et la joie), puis faites-la évoluer vers des émotions plus complexes au fur et à mesure de son développement !

Le matériel qu'il vous faut :
- Une feuille de papier épais.
- Des ciseaux.
- De la colle.
- Une attache parisienne.
- Des crayons de couleur.
- Un compas.
- Une plastifieuse (si vous en avez une à la maison) !

Votre pas-à-pas :

- Commencez par délimiter sur votre papier un cercle à l'aide de votre compas avant de le découper. Dessinez également dans un coin de votre feuille, une flèche de la longueur d'un rayon de votre cercle (5 cm si le cercle fait 10 cm de diamètre).
- À l'aide de votre règle, divisez le cercle en autant de cases que d'émotions à faire apparaître.
- Proposez à votre enfant de dessiner lui-même l'émotion à l'aide d'un smiley. Vous pouvez aussi découper des visages ou personnages représentant l'émotion en question et les coller dans chaque case.
- Perforez le centre du disque et l'axe de l'aiguille avec la pointe des ciseaux et assemblez l'aiguille avec la roue à l'aide de l'attache parisienne.

Et on l'utilise comment ?

- Commencez par tester votre roue dans un moment calme et agréable. Rien de tel pour expliquer son fonctionnement à votre enfant !
- Essayez ensuite de lui proposer un jeu pour qu'il puisse se familiariser avec la roue : il fait tourner l'aiguille et doit vous faire deviner l'émotion en la mimant !
- Vous pouvez aussi lui montrer comment vous vous sentez en choisissant l'émotion concernée sur la roue.
- Laissez ensuite la roue à sa libre disposition.
- Proposez-lui à nouveau de l'utiliser dans un moment difficile s'il n'y pense pas.

Je permets à l'émotion de s'exprimer

Pourquoi c'est important...

C'est un réflexe naturel : face à une émotion désagréable, vous avez peut-être tendance à vouloir la réprimer ou à l'enfouir momentanément ? Normal, personne n'a envie de se sentir triste ou frustré ! Le hic : ces émotions peuvent (et finissent généralement) par ressurgir ! C'est son rôle : l'émotion crée un état de tension qui doit être libéré pour retrouver un équilibre. Il faut donc permettre à l'émotion d'aller jusqu'au bout de sa résolution pour en libérer toutes les tensions ! Et comme l'émotion produit une réaction dans le corps, il faut faire agir votre enfant sur son corps ! Reste donc à lui proposer les moyens adéquats pour exprimer tout cela : crier quand il a peur, pleurer quand il est triste, taper dans un punching-ball quand il est en colère et bien d'autres ! N'oubliez pas : votre enfant a besoin de votre aide pour extérioriser sa colère ou encore son chagrin !

Le saviez-vous ?
Une émotion est toujours structurée en trois étapes :

- **La charge :** lors de cette phase, votre enfant sent que « ça monte » en lui, que les sensations corporelles liées à l'émotion (gorge sèche, chaleur, tension musculaire, accélération du rythme cardiaque, mains moites) arrivent.
- **La tension :** l'énergie de l'émotion est utilisée dans une action, une parole, un comportement (crier, taper, sauter, mordre ou alors dire notre ressenti). Le corps réagit en se tendant alors que l'émotion la traverse.
- **La décharge :** c'est le moment où l'émotion s'exprime par des pleurs, des cris, des tremblements. Elle est souvent confondue avec l'émotion elle-même.

Cette dernière étape est primordiale, car c'est celle qui permet un retour au calme ! Votre mission : accompagner votre enfant dans la décharge pour permettre à la tension de sortir de son petit corps !

L'outil en plus : la balle absorbe colère et stress !

- Achetez une balle en mousse dans le commerce en prenant soin de vérifier que votre enfant peut bien l'agripper. Invitez-le à écrire son prénom ou ses initiales dessus.
- Expliquez à votre enfant qu'il peut la presser quand il ressent de la colère ou du stress. L'objectif : permettre à la balle d'absorber ses émotions désagréables avant de les faire disparaître, comme une éponge avec de l'eau !
- Pour que la balle puisse être encore plus efficace, proposez-lui de faire correspondre les mouvements de sa main à ceux de sa respiration : je presse = j'inspire et je relâche = j'expire, le tout de plus en plus lentement. L'alternative ? Faire rebondir doucement la balle sur le sol ou la lancer en l'air en la rattrapant.
- Une fois apaisé, expliquez à votre enfant qu'en gardant la balle dans sa main, il peut exprimer ce qui a déclenché son stress ou sa colère. Les mots viendront plus facilement et c'est dans le calme que vous pourrez trouver des solutions ensemble.
- Après plusieurs utilisations réussies, vous pourrez aussi lui expliquer qu'il peut imaginer en fermant les yeux et presser la balle quand il se sent énervé. Cela aura le même effet zen. Ainsi, il ne sera plus obligé d'avoir la balle avec lui pour s'apaiser !

Je l'invite à échanger une fois la tornade passée !

Pourquoi c'est important...

Vous avez peut-être tenté de le faire mille et une fois sans succès ! Parler à votre enfant en proie à une forte émotion peut être difficile, et le raisonner pendant la crise, encore plus ! Pourquoi ? Parce que son cerveau n'est tout simplement pas capable d'assimiler une information quand il est submergé par les émotions ! Résultat : votre enfant n'est pas disponible pour parler à ce moment-là. Votre mot d'ordre : attendre que la tempête passe !

Mon pas-à-pas pour éviter les maladresses :

- À la fin de la décharge émotionnelle, tentez de faire un très court retour sur la situation (« Tu étais fâché parce que… ») ou de lui demander directement ce qu'il a ressenti (même si sa réponse n'est pas développée, ce n'est pas grave !). N'hésitez pas à le guider dans sa réponse en demandant : « Comment t'es-tu senti dans ton ventre ou ton cœur ? » Rappelez-vous : l'encourager à identifier ce qu'il ressent est la première étape d'une gestion saine de ses émotions !
- Vous pouvez aussi attendre quelques heures, quand tout va à nouveau bien, avant de revenir plus en détail sur la situation. C'est alors le moment idéal si vous voulez enseigner quelque chose à votre enfant (son cerveau sera à ce moment-là bien plus disponible). Prenez le temps ensemble de revenir sur cet incident chargé en émotion afin de lui demander comment il l'a vécu, de lui exprimer comment vous l'avez vécu et de réfléchir ensemble à comment faire différemment la prochaine fois !

Et si vous testiez la reformulation empathique ?
La reformulation empathique consiste à reprendre avec vos propres mots ce que dit ou ressent votre enfant en cas de crise ou de comportement difficile, sous forme d'affirmation ou de question. Par exemple, si votre enfant pleure ou se met en colère en rentrant de l'école, vous pouvez reformuler cette émotion afin qu'il la comprenne mieux. Demandez-lui donc s'il pleure parce qu'il a passé une journée éprouvante ou s'il vous en veut de ne pas avoir été présent(e) pour lui aujourd'hui ? Vous allez voir, plus vous l'utilisez, plus c'est facile !
Et n'oubliez pas : la reformulation empathique a tout bon car elle permet…
- D'encourager la compréhension de ce qui se passe chez vous ou chez votre enfant.
- De développer son intelligence émotionnelle en lui suggérant notamment de nouveaux mots liés aux émotions.
- De lui montrer que vous essayez vraiment de le comprendre !

5 idées reçues pour mieux comprendre sa frustration

En tant que parent, c'est votre rôle de dire non, de fixer des limites et des interdits à votre enfant… Et évidemment, il ne va pas apprécier, ce qui va se traduire par de petits et grands moments de frustration ! Cette expérience émotionnelle est-elle utile pour lui ou est-elle simplement génératrice des fameux caprices qui vous hérissent tant ? Le point en cinq préjugés à déconstruire d'urgence.

La frustration : c'est quoi exactement ?
La frustration est une expérience émotionnelle qui se manifeste lorsqu'un désir, un projet, une illusion ou un besoin n'est pas satisfait. Elle génère un ensemble d'émotions telles que la tristesse, la colère ou encore l'angoisse. Inévitable, elle peut être présente dans toutes les étapes du développement de votre enfant ! Et c'est finalement une bonne chose, car tolérer la frustration signifie être capable d'affronter les problèmes et les limites que rencontrent tous les enfants ! En d'autres mots, être frustré, c'est (aussi) s'améliorer !

Moins il est frustré, mieux c'est !

Faux !

Un enfant qui obtient immédiatement tout ce qu'il veut aura plus de mal à réguler sa frustration ! Finalement, si vous l'empêchez de se sentir frustré ou essayez de lui faire plaisir tout le temps, cela ne l'aide pas. Au contraire ! Laisser votre enfant expérimenter la frustration, c'est lui dire et chercher à lui faire comprendre que tout n'est pas toujours faisable, accessible et tourné vers lui ! La frustration lui permet aussi de comprendre et d'accepter qu'il y a des interdits, des limites, des règles ! Bref, c'est bon pour sa construction !

Et maintenant ? Je reste ferme sur mes positions !

Votre rôle de parent, c'est de répondre à ses besoins et non à tous ses désirs (voir p. 53), en tout cas pas tout le temps ! Votre enfant doit comprendre petit à petit que les autres existent, qu'il n'est pas tout seul et que le monde ne tourne pas qu'autour de lui (même si dans votre cœur de parent c'est le cas !). L'enjeu : lui permettre d'assumer, plus tard, ses succès mais aussi ses échecs !

La frustration vient en réponse à un besoin non satisfait !

Vrai !

Une situation frustrante comprend une personne, un objet et un but ! Le but est généralement empêché par un obstacle et la personne se retrouve confrontée à un problème qu'elle ne peut pas résoudre. Chez votre enfant, il s'agit d'une barrière qu'il ne peut pas franchir tout seul et qui peut donc susciter de la colère. Votre objectif : comprendre l'envie ou le besoin qui se cache derrière cette grosse (voire très grosse !) réaction émotionnelle !

Et maintenant ? Je mène l'enquête !

Si votre enfant vous dit qu'il est en colère et qu'il ne veut pas que vous alliez travailler, n'hésitez pas, en l'écoutant, à lui poser des questions sur ce qu'il ressent comme : « Je comprends ta colère, peut-être aurais-tu besoin que nous passions du temps ensemble ? » Il vous dit que vous lui manquez ? Programmez un moment pour partager une activité plaisante tous les deux !

Les caprices n'existent pas !

Vrai !

Vous l'avez entendu pendant des années… Quand il vous arrivait de taper du pied ou d'insister pour obtenir quelque chose, la réponse de vos parents était toujours la même : « Arrête tes caprices ! » Et maintenant que vous êtes parent, vous avez pris l'habitude de réagir de la même façon ! Et si les caprices n'existaient pas ? Et si ce que vous appelez « caprice » était en réalité la seule réaction que votre enfant peut avoir face à un désir impérieux que vous ne satisfaites pas ? Mettez-vous à sa place : quand il tape du pied, crie ou se roule par terre, il revendique une réponse à son besoin et exprime une demande !

Un caprice, c'est quoi en fait ?
Selon la psychothérapeute Isabelle Filliozat, ce que nous nommons « caprice » est en réalité une réponse du cerveau de l'enfant à des situations trop complexes pour lui ! Incapable de gérer son émotion sur le moment, votre enfant n'a alors pas d'autres moyens pour exprimer son opposition, sa colère ou sa frustration, que de passer par des manifestations corporelles !

Et maintenant ? Je change de point de vue !

Ne sachant pas toujours exprimer son envie avec des mots, votre enfant rouspète, grogne, hurle… À vous de déterminer les limites que vous souhaitez lui fixer (voir p. 28). Mais, lorsque vous lui dites « non », expliquez-lui toujours pourquoi. Il a besoin de réponses claires et précises. Votre rôle de parent est de traduire la réalité ! Si votre enfant trépigne : laissez-le exprimer sa colère et utilisez les outils développés dans ce chapitre !

La tolérance à la frustration, ça s'apprend !

Vrai !

Pour que votre enfant soit capable de s'adapter à la vie qui l'attend, il est nécessaire qu'il puisse apprendre à tolérer (du moins un minimum !) la frustration dès son plus jeune âge. Et bonne nouvelle : c'est une compétence qu'il va développer en grandissant et en s'appuyant sur le lien fort qu'il va tisser avec vous ! À noter : il n'y a pas un âge précis où se développe la tolérance à la frustration, c'est un long chemin, parfois semé d'embûches (il n'y a qu'à regarder le rapport à la frustration de certains adultes !). Veillez donc à rester patient(e) : votre enfant finira par acquérir des stratégies de gestion des frustrations et apprendra à différer ses envies !

Et maintenant ? Je passe à l'action !

Ici encore, menez l'enquête pour comprendre ce qui a provoqué sa réaction et aidez-le à exprimer ses émotions pour faire face à des situations qui peuvent provoquer des frustrations. Il est important que votre enfant apprenne progressivement à différencier ses vrais besoins et ses désirs !

Besoins et désir : quelle différence ?

Ces deux notions sont souvent confondues par bien des parents et pourtant, elles sont bel et bien différentes !

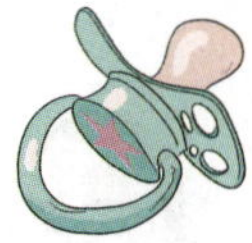

- **Les besoins** sont naturels et nécessaires à notre survie physique, mentale et émotionnelle (voir p. 22). Et pour votre enfant, c'est d'autant plus vrai qu'il est totalement dépendant de son environnement pour bien grandir.
- **Les désirs,** quant à eux, sont éphémères et infinis. Le désir est le moteur de notre existence, sa présence est nécessaire, mais pour autant, il n'exige pas d'être comblé, contrairement aux besoins ! L'insatisfaction des désirs va générer une frustration plus ou moins grande chez votre enfant, mais cela n'implique pas que vous deviez céder. Vous pouvez cependant les écouter, permettre à votre enfant de verbaliser son imaginaire et pourquoi pas lui demander comment il pourrait s'y prendre pour les réaliser ! Petite astuce : aidez-le à construire sa boîte à désirs ! Dans cette boîte personnelle, votre enfant pourra écrire ou dessiner tous ses désirs. Il leur fera ainsi une place !

Avant 4 ans, mon enfant ne peut pas gérer seul sa frustration !

Vrai !

Si votre enfant ne peut pas encore gérer sa frustration, c'est que son cerveau (encore lui), n'est pas encore arrivé à maturité ! En effet, son cortex préfrontal (la partie du cerveau qui sert, entre autres, à distinguer le bien du mal, à évaluer son environnement ou encore à établir un contrôle sur sa pensée) n'est pas encore assez développé pour réguler l'émotion ressentie. Il ne le sera d'ailleurs pas totalement avant l'âge de 20-25 ans (voire 30 ans selon certains auteurs !). Ce qui peut expliquer sa réaction en mode tornade émotionnelle si vous lui dites « NON » fermement !

Puis, à partir de 4 ans, sa tolérance à la frustration va progresser doucement. Alors faites preuve de patience et ne baissez pas les bras ! Dans cette (parfois longue !) attente, votre enfant peut par moments compenser sa difficulté à tolérer la frustration, et ce grâce à vous !

Et maintenant ? Je lui propose les bonnes activités !

Pour qu'il puisse mettre en place des petites stratégies pour gérer sa frustration, proposez à votre enfant des activités ciblées. À tenter : le Jacques a dit inversé ! Pourquoi inversé ? Parce que justement, au lieu de répondre à la consigne tel un Jacques a dit classique, vous allez lui demander de faire l'inverse de la consigne donnée. « Jacques a dit : "Fais l'inverse de courir dans le salon." » devient pour votre enfant : « Je dois marcher dans le salon ! » L'objectif : inhiber la réponse instantanée de la consigne qu'il entend en premier « courir dans le salon ». L'idéal pour l'aider à résister !

L'expérience du marshmallow, vous connaissez ?

La capacité de tolérance à la frustration d'enfants a été mesurée scientifiquement par le professeur Mischel Walter, qui a développé, à cette fin, un test destiné aux enfants âgés de 4 ans. Ainsi, un marshmallow et une cloche étaient posés devant chaque enfant participant à l'étude. L'adulte présent expliquait à l'enfant que s'il voulait manger la friandise, il lui suffisait de sonner et que quelqu'un viendrait lui en donner l'autorisation. Il lui précisait également que s'il patientait quinze minutes sans faire sonner la cloche, alors il viendrait le féliciter et lui donner un deuxième marshmallow ! Résultat : certains enfants ont craqué dès la première minute, tandis que d'autres, au contraire, sont parvenus (même si c'était difficile !) à gagner le deuxième marshmallow ! Ce même professeur a suivi les enfants qui ont participé à cette expérience pendant trente ans. Verdict : les enfants « patients » étaient aussi ceux qui avaient le plus d'amis, étaient plus appréciés par leurs enseignants, résistaient mieux au stress et avaient de meilleurs résultats scolaires ! Rien que ça !

Mes bons réflexes pour l'accompagner face à sa frustration

En tant que parent, vous avez conscience que le monde extérieur n'est pas toujours tendre et vous avez donc peut-être été tenté(e) de créer un cocon protecteur autour de votre enfant, pour ne pas le frustrer. Après tout, cela vous a sûrement évité une ou deux crises d'autorité ! Le hic : votre enfant a besoin que vous l'aidiez à gérer progressivement les nombreuses frustrations quotidiennes auxquelles il est et sera exposé. Vite, quelques pistes !

Je transforme la frustration en apprentissage !

À quoi ça sert ?

Vous avez dû lui dire (encore) non et votre enfant n'a pas apprécié ? OK, ce n'est pas agréable, mais les situations compliquées pour lui sont une occasion d'apprendre, de retenir les leçons et d'y faire face progressivement par lui-même !

Et concrètement, on fait quoi ?

Quand votre enfant est calmé, reprenez avec lui ce qu'il vient de se passer et réfléchissez ensemble ! Pour cela, procédez en plusieurs temps :

- D'abord, laissez-le essayer de vous expliquer ce qu'il a ressenti et dites-lui ce que vous avez vu et ressenti. Vous pouvez lui dire : « J'ai vu que cela t'a blessé que ton copain ne veuille pas jouer avec toi et comme tu étais en colère, tu l'as bousculé un peu fort, j'ai eu peur que tu lui fasses mal », puis « Tu as le droit d'être en colère, mais tu n'as pas le droit de faire mal aux autres ».
- Invitez-le ensuite à réfléchir à d'autres façons de se comporter : « Si cela devait se reproduire, comment penses-tu que tu pourrais réagir ? », « Comment pourrais-tu évacuer ta colère autrement ? ».

Ainsi, vous apprendrez à votre enfant à prendre conscience de l'émotion qu'il est en train de vivre et à communiquer de manière plus adaptée.

Je lui apprends la persévérance !

À quoi ça sert ?

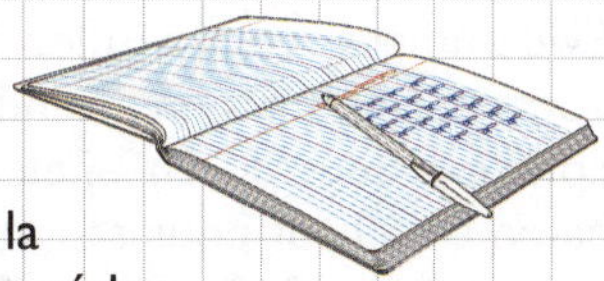

Vous l'avez vécu vous-même : quoi de plus frustrant que de ne pas arriver au bout de quelque chose qu'on a commencé ? Eh bien, c'est pareil pour votre enfant ! Face à une petite ou une grande difficulté (il n'arrive pas à nouer son lacet aussi bien que la veille, il n'a pas fini son exercice d'écriture), votre enfant peut vite céder à la frustration et à toutes les émotions désagréables qui l'accompagnent. L'enjeu : lui permettre de comprendre qu'en étant constant, il trouvera des solutions et parviendra (progressivement !) à contrôler sa frustration si la situation se présente à nouveau !

Et concrètement, on fait quoi ?

Valorisez ses tentatives et ses essais plutôt que les résultats et dédramatisez ses échecs. Vous pouvez par exemple lui dire : « Je comprends que tu sois frustré de ne pas avoir réussi à faire tes lacets tout seul. À ton avis, comment pourrait-on faire la prochaine fois pour que tu n'aies plus besoin de mon aide ? Qu'est-ce que tu as appris aujourd'hui ? »

Je ne fais pas tout à sa place !

À quoi ça sert ?

Vous avez tendance à intervenir dès que votre enfant est en difficulté ou qu'il hausse un peu la voix ? Mauvaise idée ! En prenant des décisions et des initiatives, votre enfant va booster son estime de lui (il se sentira capable, fier de lui), avoir un sentiment de contribution, sentir qu'il a une place et un rôle à jouer. Résultat : il sera moins facilement frustré !

Et concrètement, on fait quoi ?

Laissez votre enfant faire l'expérience de se tromper ! C'est ainsi qu'il apprendra de ses erreurs pour surmonter les défis par lui-même ! C'est encore un peu compliqué pour lui ? Attendez que votre enfant ait éprouvé des petites frustrations avant de lui apporter une solution, pour lui permettre d'élaborer des stratégies et de développer son imagination. Aidez-vous de la question « Comment pourrais-tu faire pour résoudre la situation/trouver une solution à ton problème/obtenir ce que tu veux ? »

Une autre piste ? Proposez-lui de prendre des petites décisions au quotidien (raisonnables, bien sûr !). Tentez ainsi : « Aujourd'hui, c'est toi qui choisis ce qu'on mange ou comment tu t'habilles ? »

Je lui fixe des objectifs atteignables !

À quoi ça sert ?

Évidemment, vous voulez le meilleur pour votre enfant. Mais en attendre trop de lui est contre-productif ! En effet, si vous placez la barre trop haut pour ses activités, ses résultats scolaires & Co., il est fort probable que votre enfant abandonne rapidement ! Et pour cause : dès qu'il sera confronté à un (nouvel) échec (et donc une nouvelle frustration !), il se dira qu'il n'y arrivera jamais parce qu'il n'a pas les compétences pour le faire ! Et finalement, sa motivation et son estime de soi en prendront un coup ! Pour éviter qu'il reste sur un sentiment d'échec, veillez donc à fixer à votre enfant des objectifs que vous estimez atteignables. Vous pouvez même le faire participer !

Et concrètement, on fait quoi ?

Aidez votre enfant à accepter qu'il faut franchir les étapes les unes à la suite des autres pour conserver de la motivation (et éviter la frustration !). Pour cela, commencez par décomposer l'objectif principal en plusieurs objectifs plus petits et plus faciles à atteindre. Pour que cette stratégie des petits pas fonctionne, il est important que :

- Les objectifs intermédiaires que vous fixez soient définis dans le temps.
- Vous mettiez en place des moyens pour que votre enfant puisse les atteindre.
- Vous ne les multipliiez pas !
- Vous célébriez toutes les petites (et grandes) victoires de votre enfant !

Par exemple, si vous avez décidé de diminuer le temps d'écran à la maison, commencez par fixer une petite réduction (quinze minutes par jour pour éviter qu'il se rebelle !). Pour cela, aidez-le en lui proposant un minuteur ou un programme avec les horaires de la semaine ! N'hésitez pas à l'impliquer dans un objectif intermédiaire comme arriver à deux heures d'écran en moins à la fin de la semaine ! Félicitez-le ensuite s'il a réussi à relever le défi et dans tous les cas, encouragez-le à persévérer !

Puis, faites un bilan intermédiaire et continuez jusqu'à votre objectif final. Certes, votre enfant ne sera sûrement pas en joie de respecter la nouvelle règle établie, mais si vous lui proposez un petit moment de qualité à passer ensemble pour compenser le temps d'écran perdu, peut-être qu'il sera moins frustré !

Je lui transmets la culture de l'effort !

À quoi ça sert ?

La valeur de l'effort n'est pas innée ! C'est là encore à vous d'enseigner cette compétence à votre enfant ! En quoi consiste-t-elle ? Faire un effort revient à vaincre une résistance, extérieure ou intérieure, pour résoudre une difficulté ou parvenir à un objectif ! En franchissant les obstacles, votre enfant pourra non seulement être fier de lui, mais aussi éviter les échecs et éviter les moments de frustration. Sans compter qu'il gagnera au passage en autonomie et en confiance en lui !

Et concrètement, on fait quoi ?

Amenez votre enfant à tolérer progressivement des contraintes adaptées à son âge comme ranger sa chambre ou participer aux tâches domestiques ! Pour cela, veillez à bien lui expliquer la situation, *a fortiori* si c'est la première fois que vous lui demandez un effort ou qu'il n'est pas d'accord !

Le bon réflexe : insister sur la finalité de la tâche plus que sur la tâche en elle-même. Vous pouvez par exemple lui dire : « Il faut que tu ranges ta chambre, car on se sent mieux dans sa tête quand tout est en ordre ! » Ou encore : « On te demande de participer aux tâches ménagères comme mettre le couvert, car dans une famille il est important que tout le monde participe. » Votre enfant se sentira rassuré si vos exigences sont précises et régulières. Et pour cela, il faut que les règles soient claires, régulières (la culture de l'effort demande de l'entraînement) et que votre enfant sache ce que vous attendez de lui !

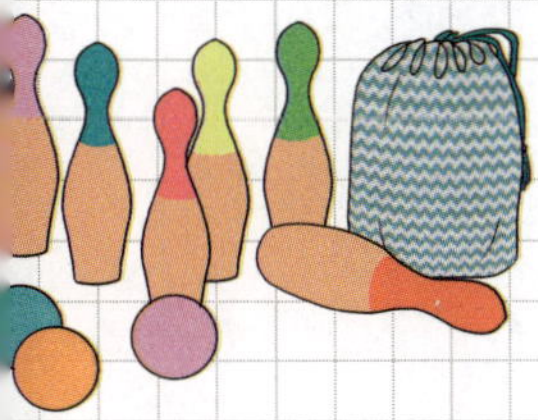

Vous êtes décidé(e) à franchir le pas et à demander à votre enfant de mettre la main à la pâte ? Bravo ! Assurez-vous toutefois que ses nouvelles tâches sont en phase avec son âge et ses capacités en vous basant sur le tableau en page suivante.

<table>
<tr><th>Moins de 3 ans</th><th>À 3-4 ans</th><th>À 5 ans</th><th>À 6-7 ans</th><th>À partir de 8 ans</th></tr>
<tr><td colspan="5">Être votre assistant</td></tr>
<tr><td></td><td></td><td colspan="3">Ranger sa vaisselle sale dans l'évier (ou le lave-vaisselle)</td></tr>
<tr><td colspan="5">Ranger ses jouets</td></tr>
<tr><td></td><td colspan="4">Mettre ses vêtements sales dans la panière à linge</td></tr>
<tr><td></td><td></td><td colspan="3">Faire la poussière dans sa chambre</td></tr>
<tr><td></td><td colspan="4">Arroser les plantes de la maison</td></tr>
<tr><td colspan="5">Accrocher son manteau à une patère à sa hauteur</td></tr>
<tr><td></td><td></td><td colspan="3">Mettre la table</td></tr>
<tr><td colspan="5">Laver des légumes, verser des ingrédients dans un bol</td></tr>
<tr><td></td><td></td><td></td><td colspan="2">Faire son lit</td></tr>
<tr><td colspan="5">Nettoyer la table</td></tr>
<tr><td></td><td></td><td></td><td colspan="2">Plier et ranger ses vêtements</td></tr>
<tr><td colspan="5">Mettre un déchet dans la poubelle</td></tr>
<tr><td></td><td></td><td></td><td colspan="2">Balayer et passer l'aspirateur</td></tr>
<tr><td></td><td></td><td></td><td colspan="2">Préparer son goûter pour l'école</td></tr>
</table>

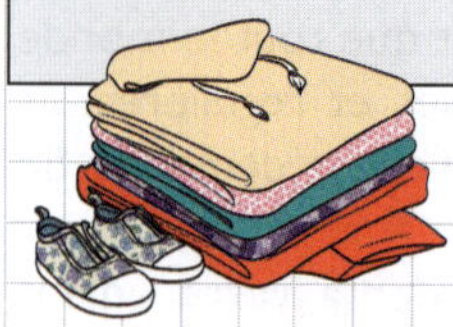

Chapitre 4

J'adopte les bons réflexes en cas de crise

En devenant parent, vous avez vite compris que chaque étape de la vie de votre enfant allait comporter son lot de défis ! Et pour cause : toutes les phases de son développement viennent avec des remises en question de votre autorité et des petites et grandes tempêtes émotionnelles ! Même si elles sont passagères et aussi normales soient-elles, ces crises seront autant de défis à relever pour vous. Et bonne nouvelle : vous trouverez ici tout ce qu'il vous faut pour les affronter haut la main !

Mon p'tit outil pour mieux comprendre les réactions de mon enfant !

Vous vous retrouvez souvent en difficulté face aux comportements de votre enfant ? Vous vous demandez régulièrement comment réagir face à un grand coup de vague à l'âme ou une colère sortie de nulle part ? Votre mission : raisonner en termes de besoins pour décoder les crises de votre enfant ! Quoi de mieux qu'un petit outil pour avancer dans cette compréhension ?

J'adopte le bon outil d'analyse !

Jane Nelsen a mis au point un outil (redoutablement) efficace pour comprendre les besoins de votre enfant (voir aussi p. 30). L'idée ?

- Centrez-vous, pour commencer, sur votre ressenti dans une situation d'autorité difficile avec votre enfant (ligne 1).
- Une fois votre ressenti identifié, référez-vous au comportement que vous tendez, dans ces situations, à avoir avec votre enfant (ligne 2).
- Ce comportement que vous avez, va avoir tendance à générer un comportement (ligne 3) chez votre enfant en retour, qui est lui-même basé sur une « croyance » cachée (ligne 4).
- C'est en ayant déconstruit toute cette chaîne de comportements familiaux que vous pourrez alors comprendre l'objectif et le besoin caché de votre enfant (ligne 5) et ainsi lui apporter votre aide grâce aux bons outils (ligne 6).

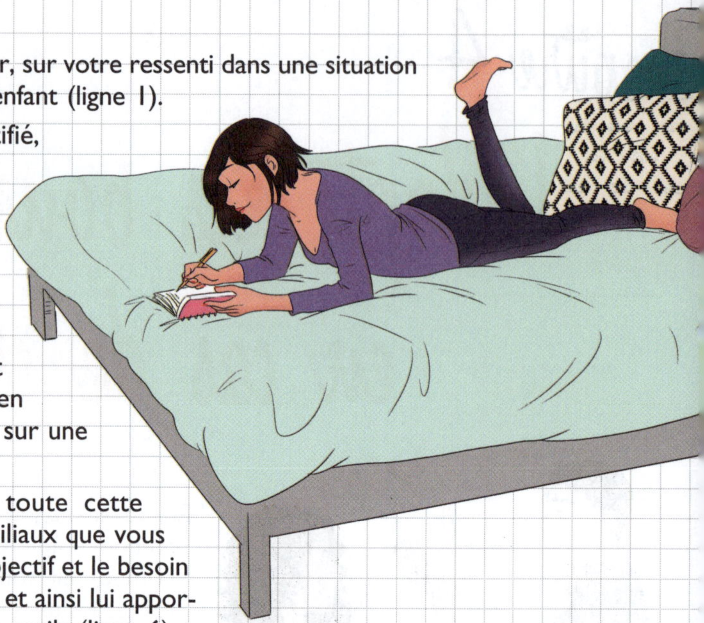

Bien sûr, il vous faudra du temps pour mettre en place tout cela, mais chaque fois que votre enfant verra que vous le prenez en considération et que vous répondez à son besoin caché, vous verrez que petit à petit, les comportements inappropriés se feront plus rares et surtout vous pourrez y répondre beaucoup plus vite et cela générera moins de conflits ?

Je me lance !

Quand vous vous sentez...	• Ennuyé(e) • Agacé(e) • Irrité(e) • Inquiet(ète) • Coupable	• Provoqué(e)Défié(e) • Menacé(e) • Perdant(e)	• Blessé(e) • Déçu(e) • Ayant perdu • confiance • Dégoûte(e)	• Impuissant(e) • Démuni(e)/ désarmé(e) • Sans espoir • Incapable
Vous avez tendance à...	• Essayer de persuader votre enfant de faire… • Faire pour lui, à sa place • Répéter/rabâcher les consignes	• Aller à l'affrontement • Céder • Penser : « Tu ne t'en tireras pas comme ça ! » ou « Je vais te forcer » • Vouloir avoir raison	• Riposter • Vous mettre sur un pied d'égalité • Penser : « Comment peux-tu me faire une chose pareille ? » • Prendre les choses à titre personnel	• Baisser les bras • Faire à la place de l'enfant • Surprotéger • Montrer votre manque de confiance

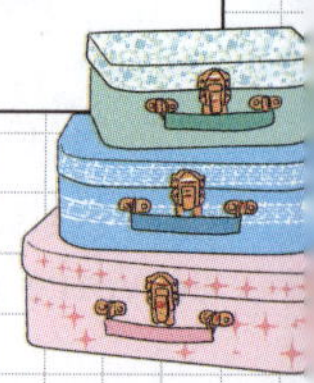

Votre enfant va donc réagir en…	• Arrêtant momentanément, mais en recommençant plus tard • Ne s'arrêtant que s'il a une attention exclusive	• Accentuant son comportement • Défiant/provoquant/ se soumettant à contrecœur • Sentant qu'il a gagné quand vous vous énervez • Se mettant en maîtrise passive	• Ripostant • Faisant mal aux autres • Abîmant le matériel • Se mettant sur un pied d'égalité • Accentuant son comportement ou en trouvant un autre angle d'attaque	• Accentuant son retrait • Restant passif • Ne s'améliorant ou en ne réagissant pas • Évitant d'essayer
La croyance cachée derrière son comportement ?	• « Je compte seulement quand on me remarque ou que j'obtiens une attention spécifique ! » • « Je ne suis important que si tu es centré(e) sur moi/que tu ne t'occupes que de moi/que je t'ai pour moi seul ! »	• « Je n'appartiens que lorsque c'est moi le chef ou que je contrôle, que je me sens en position de force ou en prouvant que personne ne peut me commander ! » • « Vous ne pouvez pas me forcer ! »	• « Je n'ai pas de sentiment d'appartenance, je souffre donc je fais mal aux autres, tout comme moi j'ai mal ! » • « Je ne peux pas être aimé ! »	• « Je ne crois pas que je puisse appartenir, donc je vais prouver aux autres qu'il n'y a rien à espérer de moi ! » (confirmation de la croyance) • « Je ne peux pas aider et je suis nul : inutile d'essayer, je vais rater ! »
Son objectif	• Accaparer l'attention	• Prendre le pouvoir (être le chef en situation de maîtrise)	• Prendre sa revanche (rendre les choses égales)	• Croyance d'incapacité
Son besoin (le message codé)	*« Remarquez-moi ! Impliquez-moi ! »*	*« Laissez-moi participer ! », « Donnez-moi des choix ! »*	*« Aidez-moi, je souffre intérieurement ! »*	*« Ne me laissez pas tomber ! », « Tendez-moi la main ! »*
Vos bons réflexes :	• Permettre à votre enfant de contribuer, lui donner une responsabilité (une tâche de la maison adaptée à son âge) • Trouver ensemble un moment pour un temps dédié (voir p. 20) • Booster son autonomie et sa confiance en lui en lui disant que vous savez qu'il peut y arriver, que vous avez confiance • Mettre en place des routines (voir p. 27)	• Prendre un temps de pause pour vous retirer du conflit • Décider de ce que vous allez faire avec votre enfant en l'incluant (sans le forcer !) • Chercher une solution ensemble ! • Poser ensemble des limites à ne pas franchir (voir p. 28)	• Sortir du conflit en prenant un temps de pause (voir p. 83) • Essayer de trouver ce qui a pu blesser votre enfant, lui poser des questions pour comprendre • Accepter votre part de responsabilité : reconnaître verbalement ce qui a blessé votre enfant, vous excuser, trouver des solutions ensemble • Partager vos sentiments (« je… ») !	• Rassurer votre enfant en exprimant la confiance que vous avez en lui • Prendre du temps pour l'aider dans ses apprentissages • Fixer des objectifs étape par étape pour que votre enfant se voie réussir • Identifier ses compétences et l'encourager !

Mes solutions anti-crises sur mesure

Vous l'avez vécu ou le vivez encore… La répétition de certains comportements difficiles de votre enfant vous épuise ! S'il n'y a pas de recette miracle à adopter, il y a heureusement quelques atouts que vous pouvez glisser dans votre manche !

Il n'obtient pas ce qu'il veut ? Il passe en mode grosse colère !

La scène :

Votre enfant vous demande un bonbon et vous lui refusez (normal, vous allez passer à table !). Résultat : il crie, pleure et se jette par terre alors qu'il jouait tranquillement encore quelques minutes auparavant !

Mon objectif :

Pour ne pas avoir à gérer les grosses colères, le mieux est de faire en sorte qu'elles arrivent le moins possible ! En d'autres mots : vive la prévention !

Mes 5 bons réflexes SOS !

- Posez-vous la question : ses besoins fondamentaux sont-ils satisfaits (voir p. 22) ?
- Commencez par noter à quels moments se déroulent généralement les crises : le matin, avant le coucher ou le repas, au moment du bain ? Si les colères se font toujours aux mêmes moments, tentez de comprendre le besoin sous-jacent de votre enfant (voir p. 60) et essayez de l'anticiper !
- Supprimez (si possible) la ou les sources de ses colères… Et si vous rangiez la bonbonnière qui trône sur le plan de travail de la cuisine dans le placard, tout simplement ?
- Mettez en place des routines : les routines (mêmes les plus simples) peuvent rassurer votre enfant et rendent son environnement prévisible et plus sécurisant.
- Donnez des règles simples et claires (voir p. 32) pour répondre aux situations problématiques. En le prévenant, vous lui donnerez ainsi la possibilité de se préparer !

Ses crises de colère sont-elles normales ?

Difficile de trancher sur le caractère normal ou non des colères ! C'est une question d'âge, d'immaturité cérébrale, de contexte… Plusieurs facteurs entrent donc en compte ! La colère chez l'enfant est à la base une émotion « normale », plus particulièrement dans certaines situations bien précises. Ainsi, votre enfant est plus susceptible de faire une colère lorsqu'il est fatigué ou lorsqu'il a faim ! Vous trouvez ses colères vraiment très (trop) impressionnantes ? Selon Lauren Wakschlag, psychologue clinicienne américaine, les comportements à surveiller sont les suivants :

- Les crises de colère disproportionnées avec un comportement destructeur ou même agressif envers les autres.
- Des crises à répétition (plus de cinq colères par jour).
- Des comportements d'automutilation.
- Des colères qui durent ou encore une incapacité à se calmer.

Si votre enfant présente certains de ces signes, n'hésitez pas à faire le point avec votre pédiatre !

Il me répond… pas vraiment respectueusement !

La scène :

Votre enfant est surexcité. Il saute partout comme un petit cabri et se met à crier et à hurler dans la maison. Vous lui demandez de se calmer à plusieurs reprises et vous en venez à user d'un bon vieux chantage pour qu'il vous écoute enfin (du type « Tu n'iras pas jouer chez ton copain/ta copine si tu continues ! »). Et là, d'un air nonchalant, il vous répond : « Je m'en fiche, t'es pas mon chef ! »

Mon objectif :

Il peut être normal que votre enfant s'oppose (à l'occasion !) aux consignes/règles qui lui sont données… avec une intensité à laquelle vous ne vous attendiez pas. Dans ce cas, évitez de vous focaliser sur ses mots et essayez de comprendre ce qui se cache derrière cette attitude.

Mes 4 bons réflexes SOS !

- Posez-vous la question du cadre et des limites ! Si vous êtes trop autoritaire, votre enfant peut se sentir comme étouffé, trop contrôlé et peut venir faire exploser le cadre. Si vous êtes trop permissif(ive), il peut éprouver de l'insécurité et teste alors le cadre pour voir s'il tient !
- Changez de point de vue : la réaction insolente d'un enfant vient généralement en opposition à un adulte qui cherche à le soumettre ! Avez-vous la sensation que cela a été votre cas ? Quoi qu'il en soit, veillez toujours à éviter le rapport de forces !
- Dites non à la menace, au chantage, aux punitions : ces techniques ne font qu'augmenter le risque de rébellion, de revanche et de retrait de votre enfant !
- Reconnaissez son désir ! Si votre enfant se sent compris, il sera plus coopératif ! Tentez ainsi simplement de lui dire : « Je sais que tu es excité par le fait d'aller jouer chez ta copine et que tu as très envie d'y aller, je te propose qu'on prenne un temps calme pour s'apaiser. »

Au secours ! Il tape, mord, pousse !

La scène :

Votre enfant est tranquillement en train de jouer avec ses dinosaures et son copain dans sa chambre (pour une fois !). Tout allait bien et d'un coup, c'est le drame : votre enfant a mordu son copain qui n'a pas voulu lui rendre son dino préféré !

Mon objectif :

Souvent, quand un enfant tape ou mord, c'est qu'il ne sait pas faire autrement ! Tout en indiquant à votre enfant que son comportement n'est pas acceptable, il va donc falloir essayer de comprendre l'émotion derrière le comportement de votre enfant !

Mes 5 bons réflexes SOS !

- Dites-lui que vous n'êtes pas d'accord avec son comportement !
- Arrêtez son élan en douceur et essayez de contenir ses gestes pour qu'il évite de faire mal (à vous, aux copains, ou même à lui-même !).
- Évitez à tout prix de répondre à la violence par la violence (le mordre s'il vous a mordu : *no way* !). Cela ne lui apprendra rien si ce n'est qu'on peut répondre à la violence en étant soi-même violent ou pour obtenir ce qu'on veut !
- Expliquez-lui avec quelques mots les risques de cette attitude : « En faisant cela, tu fais mal ou tu peux faire mal… » Encouragez-le aussi à se mettre à la place de la personne tapée, mordue, poussée : « Comment te sentirais-tu si… » Vous l'aiderez ainsi à développer son empathie !
- Distinguez son émotion de son comportement ! Votre enfant ne le fait ni par méchanceté, ni dans le but de blesser, mais parce qu'il n'a pas d'autres solutions !

Pourquoi distinguer son émotion et son comportement ?

Quelle que soit la manière dont elles s'expriment, les émotions de votre enfant sont légitimes. Il est donc primordial de les valider et de l'amener à les écouter ! Mais comment réagir quand il est violent ou agressif ? Avant tout, rappelez-vous que le cerveau de votre enfant est encore très immature dans sa fonction de régulation de l'émotion et qu'elle peut donc déclencher des comportements instinctifs (fuir, attaquer, sursauter). Résultat : malgré vos répétitions, certains comportements risquent d'avoir la dent dure avant que votre enfant ait intégré un mode d'expression différent.

Ensuite, veillez à accompagner la façon dont l'émotion s'exprime (l'intensité en particulier) et l'ampleur du comportement qui en résulte. Votre mot d'ordre, devenir adepte du slogan : « J'accepte ton émotion, mais je refuse ce comportement ! »

Il crise dès qu'il s'agit d'arrêter les écrans !

La scène :

Votre enfant est comme « accro » aux jeux vidéo : dès qu'il commence une partie, il est difficile (voire impossible) de l'arrêter ! Et quand vous vous risquez à éteindre la console directement, c'est le drame !

Mon objectif :

Pour limiter l'usage excessif des écrans, ne commencez pas par tout interdire ! Cela serait même contre-productif ! Allez-y par étapes !

Mes 5 bons réflexes SOS !

- Adaptez le temps d'écran en fonction de son âge et surtout, rappelez-lui ce à quoi il a droit !
- Au moment d'allumer, rappelez à votre enfant le temps d'écran autorisé : « Deux épisodes de dessins animés, pas plus ! » Alertez-le également avant la coupure en lui disant par exemple : « Il te reste quinze minutes. »
- N'oubliez pas de montrer l'exemple : votre enfant vous écoutera davantage si vous avez vous-même une pratique raisonnée des écrans.
- Interdisez (formellement) les écrans dans la chambre, la nuit et pendant les repas !
- Incitez votre enfant à faire des pauses de déconnexion régulières et montrez l'exemple ! Et si vous instauriez une journée par semaine sans écrans pour toute la famille ?

À combien de temps d'écran a-t-il droit à son âge ?

C'est un vaste sujet ! Il existe toutefois des recommandations sur lesquelles s'accordent la majorité des experts de la protection de l'enfance et de la santé aujourd'hui, en l'occurrence :

- Avant 3 ans : pas d'écrans !
- De 3 à 6 ans : pas plus de vingt minutes par session et maximum une heure par jour en temps cumulé.
- De 7 à 9 ans : pas plus de trente minutes par session et maximum deux heures par jour en temps cumulé.
- Au-delà de 10 ans : environ trente minutes par session avec un temps journalier fixé ensemble, évolutif en fonction de ses besoins et de son niveau de maturité !

Petite précision : quand on parle de temps passé devant les écrans, il s'agit de tous les écrans (télévision, Smartphone, ordinateur, tablette, console de jeu) !

Il semble bien déterminé… à ne pas écouter !

La scène :

Vous lui avez répété dix fois de ne pas monter sur la table ou d'arrêter de courir autour du canapé… Et votre enfant persiste et signe ! Difficile de vous dire qu'il ne le fait pas exprès !

Mon objectif :

Quoi que vous en pensiez, la capacité d'écouter n'est pas naturelle, surtout chez votre enfant : c'est le fruit d'un véritable apprentissage ! Gardez aussi à l'esprit que cette écoute sera d'autant plus grande que vos demandes seront claires et les interdits toujours les mêmes ! Il va donc vous falloir faire preuve de patience et de constance !

Mes 5 bons réflexes SOS !

- Exprimez une seule consigne à la fois : trop d'informations noie l'information et le message que vous voulez faire passer à votre enfant !
- Expliquez-lui les raisons de vos rappels à l'ordre plutôt que de lui adresser une consigne lapidaire. Évitez ainsi : « descends de la table » et tentez plutôt : « Tu ne peux pas monter sur la table, car tu risques de tomber et de te faire mal. »
- Vérifiez que la situation n'est pas due à une question d'attention : il est concentré sur une tâche et n'arrive donc pas à porter attention à autre chose. Si c'est le cas, approchez-vous de lui et demandez-lui de vous accorder quelques minutes de son temps pour discuter !
- Essayez de changer le contenu, les mots ou la façon dont vous formulez une demande à votre enfant – soyez créatif(ive) – pour introduire de la nouveauté et le surprendre. Lui parler avec une voix de petite souris, vous « planter » devant lui jusqu'à ce qu'il daigne lever les yeux et interrompre son jeu ? Et pourquoi pas !
- Rappelez-vous : l'ordre répétitif peut favoriser une baisse de motivation chez votre enfant.
- Évitez de sortir de vos gonds en pensant que votre enfant « fait exprès ». Essayez plutôt de reprendre avec lui le pourquoi il n'écoute pas : vous n'avez pas été assez clair(e) ? Ce n'était pas le moment ?

Mes 6 outils qui fonctionnent pour l'aider à se calmer !

Faire preuve d'autorité bienveillante, vous ne demandez que cela ! Mais quand les esprits s'échauffent, que les règles et les consignes ne sont pas respectées ou que la colère s'invite à la maison, c'est compliqué ! Votre mot d'ordre : dégainer l'un de ces outils ! Vous serez surpris(e) par leur efficacité !

La connexion : quèsaco ?
La connexion est un outil développé par le neuropsychiatre américain Daniel J. Siegel. Son objectif : permettre aux parents d'adopter la bonne attitude pour que l'enfant se sente compris et puisse accueillir et réguler ses émotions. Calmer (voire même prévenir !) les crises émotionnelles de votre enfant en quatre étapes ? Vous auriez tort de ne pas tenter !

La « connexion »

Je le réconforte !

Quand votre enfant est envahi par une grosse émotion, non seulement il n'est plus en capacité de raisonner et de comprendre ce que vous êtes en train de lui dire, mais il est aussi sûrement incapable de parler. Inutile donc de choisir consciencieusement des jolis mots ! Le réconfort doit avant tout passer par le non-verbal ou tout ce que votre langage corporel lui communique.

Comment faire ?

- Mettez-vous à sa hauteur (au niveau du regard exactement) !
- Utilisez le toucher avec bienveillance : proposez-lui un câlin ou prodiguez-lui une caresse !
- Prenez-le dans vos bras !

Par contre, dites non aux « gros yeux » ou au poing crispé ! Souvenez-vous : lors de cette première étape, c'est toute votre attitude corporelle qui compte. Si vous vous sentez tendu(e), avez besoin de vous apaiser avant de pouvoir le réconforter, prenez un temps calme (voir p. 83).

Je valide son vécu !

C'est le moment de parler ! Cette deuxième étape, centrée sur la communication verbale, consiste à être au plus près du point de vue de votre enfant et à valider ce qu'il ressent et ce qu'il vit !

Comment faire ?

Connectez-vous à l'émotion de votre enfant avec ces quelques phrases : « Je comprends que tu sois en colère… », « Cette situation est difficile pour toi… », « Je perçois que tu es stressé par ce qui est en train de se passer… »

Je l'écoute !

Au cours de ce troisième temps de la connexion, votre enfant va pouvoir vous dire ce qu'il ressent. Pas besoin ici de vous lancer dans de grandes explications, le but est simplement qu'il vous raconte ce qu'il traverse.

Comment faire ?

- De votre côté, pas grand-chose… Gardez le silence et écoutez-le attentivement !
- Encouragez-le à s'exprimer, en acquiesçant, en montrant que vous êtes concerné(e) par ce qui lui arrive !

Adoptez une posture d'écoute : soyez proche de lui, le plus calme possible et soutenant !

Je l'aide à réfléchir !

Cette dernière étape consiste à reformuler ce que vous avez entendu ! L'objectif : lui donner une preuve de votre écoute après qu'il se soit exprimé ! Cela permettra aussi à votre enfant de prendre de la distance par rapport à ce qu'il vit et à mieux réfléchir à d'autres comportements qu'il pourrait adopter dans une autre situation de ce type.

Comment faire ?

Essayez de résumer ce qu'il vient de dire : « Je comprends, cela ne t'a pas fait plaisir quand ton copain t'as pris le jeu avec lequel tu étais en train de jouer, tu as senti la colère monter et tu l'as poussé pour récupérer ton jouet, c'est bien ça ? »

Je le redirige !

Une fois ces quatre étapes bouclées, n'hésitez pas à rediriger votre enfant vers des comportements plus acceptables.

Comment faire ?

Dites simplement à votre enfant : « Qu'est-ce que tu aurais pu faire quand ton copain t'a pris ton jouet ? », « Quand tu sens que la colère monte et que tu pourrais pousser ou taper, tu peux essayer de respirer un grand coup ou encore de t'éloigner… As-tu d'autres idées pour éviter un geste agressif ? », « Penses-tu t'excuser auprès de ton copain et essayer de te réconcilier avec lui ? »

La méditation de pleine conscience

Idéale pour apprendre à se calmer, à canaliser son énergie, à gérer son stress ou sa colère, la méditation de pleine conscience (ou *mindfulness*) a tout bon pour votre enfant ! Petit bonus : elle lui permettra peut-être même de développer son attention ! C'est décidé, vous vous lancez ?

Mindfulness, quèsaco ?

La méditation de pleine conscience est une qualité de conscience qui émerge lorsque vous tournez intentionnellement votre esprit vers l'ici et maintenant. Elle consiste à observer et accueillir ce qui se passe en vous ou autour de vous à l'instant présent, sans filtre (vous acceptez ce qui vient), sans jugement et sans attente (vous ne cherchez pas quelque chose de précis). L'objectif n'est pas de lutter contre les émotions négatives, mais plutôt d'observer votre état émotionnel ou les pensées qui viennent vous tourmenter et de rester stable face à tout ce qui se déroule à l'instant présent ! Et le résultat est payant : avec la *mindfulness*, vous régulez mieux vos émotions et vous apaisez votre anxiété. On ne compte plus les études qui en attestent !

Et en pratique ?

Dès 5 ans, votre enfant peut réaliser des méditations courtes et guidées. Vous ne vous sentez pas (trop) d'attaque ? Commencez par vous initier à cette technique au moyen d'un livre-CD ou d'une application. Prêt(e) à vous lancer ? Accompagnez votre enfant de votre douce voix dans l'une de ces deux activités de méditation facile.

Quel temps fait-il à l'intérieur de toi ?

Commencez par proposer à votre enfant de s'asseoir sur un coussin, par terre, en tailleur ou s'il préfère, bien droit sur une chaise. Il peut aussi fermer les yeux s'il le souhaite, pour mieux se concentrer sur ses ressentis. Une fois bien installé, demandez-lui :

« Quel temps fait-il à l'intérieur de toi ? » « Peux-tu me décrire ce que tu ressens dans ton corps ? »

Aidez-le à préciser si besoin : « Est-ce qu'il fait calme ? C'est la tempête dans ton ventre ? Y a-t-il des nuages dans ta tête ? »

Dites-lui ensuite : « Tu as le droit de te sentir ainsi, ces sensations sont présentes, il faut que tu les acceptes. Ce que tu ressens dans ton corps peut t'aider à te connecter à toi-même. »

Avec ce petit exercice, votre enfant devient conscient de ce qu'il vit, seconde après seconde, sans jugement. N'hésitez pas à lui rappeler que la méditation peut devenir un petit rituel, une habitude, un moment pour se retrouver, plusieurs fois par jour.

J'accueille ma colère !

Développée par David Dewulf, docteur et formateur en *mindfulness*, la méditation suivante est basée sur la prise de conscience de la colère. Elle peut aider votre enfant à accepter l'émotion et à la traverser.

Comme dans la méditation précédente, invitez votre enfant à s'installer confortablement, puis guidez-le en lui lisant ces quelques lignes.

« Assieds-toi bien droit. Ferme les yeux. Sens ta respiration au niveau de ton nez. Peux-tu sentir comment l'air entre et sort ? (...) Porte attention à ta poitrine et à ton ventre. Soulevés lorsque tu inspires. Relâchés lorsque tu expires. (...) Quand t'es-tu fâché pour la dernière fois ? Que pensais-tu à ce moment ? Que sentais-tu dans ton corps ? (...) Sens-tu maintenant aussi de la colère ? Quelle est sa grandeur ? Peut-être aussi grande qu'un ballon ? Laisse l'air s'en échapper jusqu'à ce qu'elle devienne comme un petit ballon. »

Puis, terminez la méditation en lui disant simplement : « Accueille la colère comme ta meilleure amie. Inspire et expire. Ta colère est devenue une toute petite balle dont tu peux faire ce que tu veux. Inspire et expire. »

Une fois ce petit exercice terminé, n'hésitez pas à demander à votre enfant de vous raconter ce qu'il a ressenti dans son corps et dans sa tête !

Les exercices de respiration

La colère est souvent accompagnée de tout un tas de sensations physiques qui sont difficilement contrôlables, surtout par votre enfant ! Grâce aux exercices de respiration, il pourra reprendre possession de son corps, libérer les tensions accumulées et réguler ses émotions ! Rien que ça !

Et en pratique ? Dès que la crise pointe le bout de son nez, invitez votre enfant à réaliser son exercice respiratoire préféré. D'abord, proposez-lui de s'installer dans une position confortable. Debout, assis, allongé : peu importe, tant qu'il est bien ! Puis, pratiquez l'un des exercices suivants trois à quatre fois pas plus, pour éviter qu'il se sente étourdi ! Par où commencer ? Et si vous tentiez...

La respiration papillon

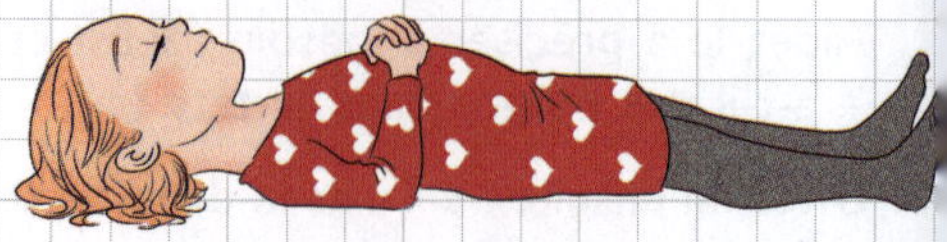

C'est pour lui si...

Votre enfant vous semble soucieux, a des difficultés à retrouver le calme en lui.

Votre exercice :

Pour mettre votre enfant dans le bain, dites-lui simplement : « Imagine que ton buste est un papillon… Ta cage thoracique représente ses ailes et tes poumons son corps. »
Proposez-lui ensuite de faire voler son papillon corporel : « Inspire par le nez : les ailes du papillon s'ouvrent, se soulèvent et s'écartent. Puis, expire par la bouche : les ailes redescendent et se resserrent autour du corps du papillon. Fais voler ton papillon en quelques battements d'ailes le plus loin possible, c'est-à-dire en les ouvrant le plus possible avant de les refermer tout en douceur, lentement. »

La respiration profonde

C'est pour lui si...

Il a peur, a besoin de se relaxer et de réguler son émotion !

Votre exercice :

Proposez à votre enfant d'inspirer par le nez avant de retenir sa respiration une à deux secondes et d'expirer en soufflant par la bouche un filet d'air le plus longtemps possible pour vider au maximum ses poumons, un peu comme s'il soufflait dans un ballon ou dans une paille. Enfin, quand la respiration est bien maîtrisée, vous pouvez proposer à votre enfant de souffler toutes ses peurs à l'extérieur, afin de faire un grand nettoyage dans son corps !

La respiration saccadée

C'est pour lui si...

Il a besoin d'un coup de main pour surmonter ses tensions intérieures, quelles qu'elles soient.

Votre exercice :

Il ressemble au précédent, à une nuance près dans l'expiration. Comme précédemment, proposez à votre enfant de prendre de l'air par le nez, puis de retenir sa respiration une à deux secondes. Ensuite, montrez-lui comment expirer de façon courte et répétée, comme une locomotive, le plus de fois possible et sans reprendre d'inspiration.

Le 5-4-3-2-1

Respecter les règles et les consignes… Pour votre enfant, c'est difficile ? Avec la méthode du « 5-4-3-2-1 », votre enfant pourra apprendre (là encore) à être dans le moment présent. Résultat : non seulement il pourra court-circuiter sa tempête émotionnelle, mais il sera aussi beaucoup plus à l'écoute.

C'est quoi ce décompte bizarre ?
Développée par la psychologue clinicienne, Ellen Hendriksen, cette technique permet de s'ancrer dans le moment présent en revenant aux sensations corporelles, en portant son attention sur les différents sens ! Autre grand avantage de cette technique : s'ancrer dans le moment présent permet d'éviter que les émotions ne s'emballent (que la colère dégénère en violence, par exemple ou que la peur ne se transforme en anxiété paralysante). Résultat : chacun garde son calme et continue d'être en lien !

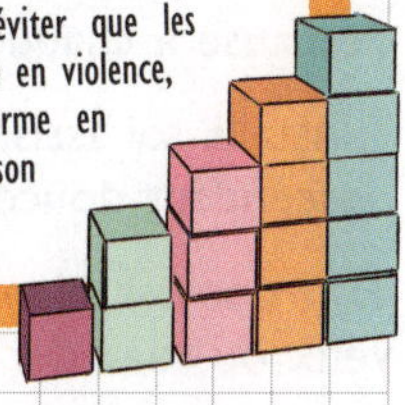

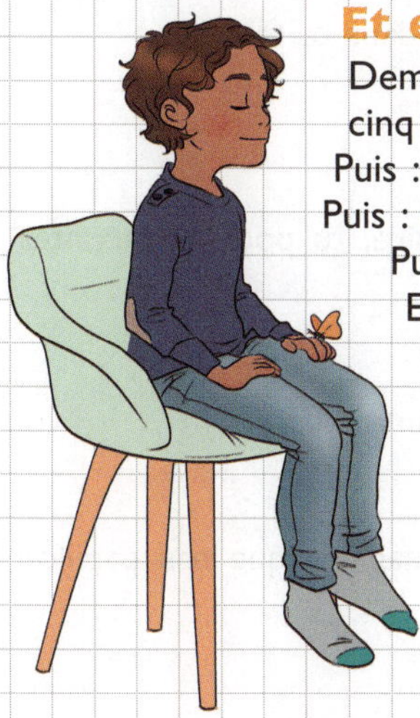

Et en pratique ?

Demandez à votre enfant : « Regarde autour de toi et cite-moi… cinq choses que tu peux voir autour de toi, ici et maintenant. »
Puis : « Quatre choses que tu peux entendre. »
Puis : « Trois choses que tu peux sentir avec ton nez. »
Puis : « Deux choses que tu peux sentir sur ta peau. »
Enfin : « Une chose que tu peux goûter / un goût que tu peux sentir en bouche, ici et maintenant. »

Prenez le temps (et laissez le temps à votre enfant) de faire appel à ses sens et de vous donner ses réponses. Bien entendu, vous pouvez l'y aider en lui donnant des exemples de ce que vous percevez vous-même avec vos sens ! Il a des difficultés avec un sens ? Ne vous formalisez pas et passez directement au sens suivant pour éviter qu'il ne se sente en échec.

La visualisation du papillon !

À faire sur une musique douce ou en extérieur, ces trois petites minutes de respiration et de visualisation, inspirées du yoga, permettent de revenir au moment présent et de se relaxer. Le papillon, ou « baddha konasana » dans la tradition yogique, est une posture assise qui développe l'ancrage en apportant force et confiance. Le travail d'ouverture de hanche et du bassin amène au relâchement des émotions et à leur libération. Quant à l'exercice de respiration, il permet l'allongement et la subtilité du souffle. Il apporte ainsi le calme et développe l'observation des sensations du moment présent.

Et en pratique ?

Installez-vous avec votre enfant assis en tailleur dans une pièce calme (ou en extérieur). Ensuite, invitez-le à fermer les yeux et à prendre deux à trois respirations profondes pour se mettre dans de bonnes conditions pour la relaxation. Puis, lisez-lui le texte ci-dessous d'une voix douce et calme. À noter : n'oubliez pas de marquer un temps de pause à chaque (...).

« Installe-toi assis, en posture du papillon, plantes des pieds l'une contre l'autre ; les genoux descendent doucement sur les côtés. (...)

Ton dos est bien droit, tes mains attrapent tes pieds. Tu peux tranquillement fermer les yeux ou regarder au sol juste devant toi. (...)

Dans cette position, respire profondément cinq fois en comptant dans ta tête. (...)

Ton corps est détendu. (...)

Les yeux toujours fermés, tu vas imaginer un papillon. (...)

Pour l'instant, ne dis rien, c'est juste dans ta tête – après l'histoire, tu pourras raconter comment tu imagines ton papillon. (...)

Garde les yeux fermés. (...)

Et choisis la couleur de ton papillon, la taille de ses ailes, de ses antennes. (...)

Imagine ton papillon et respire profondément. (...)

Tout doucement, tu peux battre des ailes avec tes genoux et imaginer que ton papillon s'envole dans les airs. (...)

Le soleil brille et réchauffe tout ton corps. (...)

Ton papillon vole de plus en plus haut. (...)

Il se sent heureux et libre, et toi aussi tu te sens heureux et libre comme ton papillon. (...)

Il vole de plus en plus haut... il traverse les nuages pour finir par disparaître. (...)

À ton rythme, tranquillement, respire cinq fois en comptant dans ta tête et ouvre les yeux. (...) »

Après l'exercice, vous pouvez dire à votre enfant : « Te voilà bien détendu pour mieux continuer ta journée. Alors, il était comment ton papillon ? »

Le cerveau dans la main !

Mis au point par le neuropsychiatre américain Daniel J. Siegel, « le cerveau dans la main » permettra à votre enfant de visualiser facilement son cerveau et ses fonctions principales, mais aussi de comprendre ce qui s'y passe quand l'émotion est trop grande et qu'il est submergé par une tempête émotionnelle. Cet outil peut également lui donner des pistes pour apprendre à retrouver le contrôle de soi et régler les conflits sans violence ! Et tenez-vous bien, vous pouvez l'utiliser comme un outil pour communiquer avec votre enfant sur son état émotionnel et le vôtre !

Et en pratique ?

Installez-vous dans les mêmes conditions zen que dans l'exercice précédent (endroit calme, position confortable, etc.) et dites à votre enfant :

« Ferme le poing, imagine que ta main représente ton cerveau. (…) La partie haute de ton cerveau est l'endroit où tu prends les bonnes décisions, même lorsque tu es en colère ou que tu as très peur. (…) »

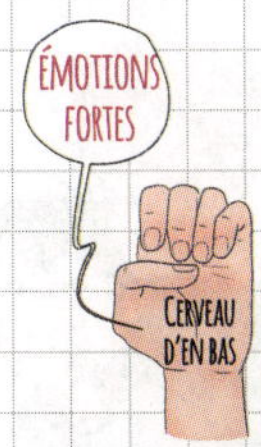

« Maintenant, relève un peu tes doigts, tu vois ton pouce ? Il représente ton cerveau d'en bas, c'est de là que viennent les émotions les plus fortes. (…) » « Il te permet aussi de faire attention aux autres, de ressentir de l'amour et d'éprouver de la colère ou de l'insatisfaction. (…) »

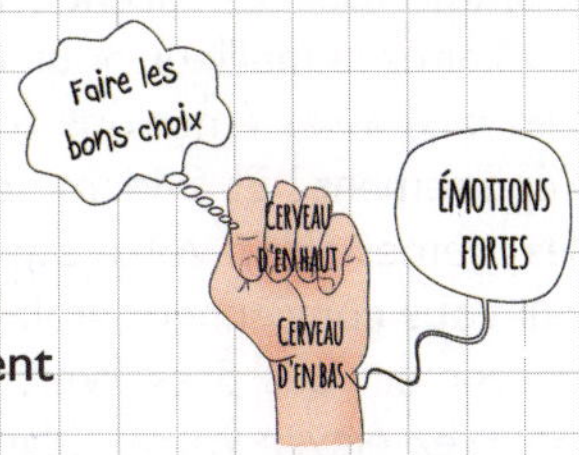

« Tu vois, si tu replies les doigts de la partie haute de ton cerveau, l'endroit où tu penses, touche ton pouce. Comme ça, elle aide la partie basse à exprimer calmement tes sentiments. (…) »

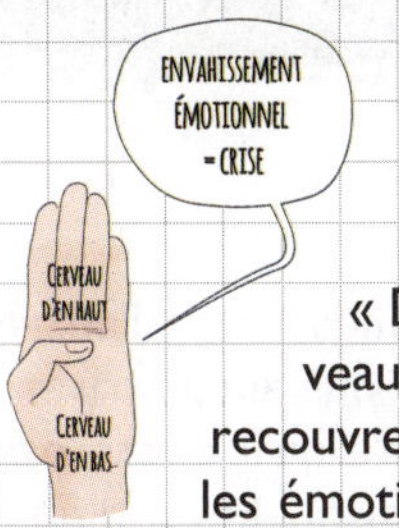

« Parfois, quand l'émotion est trop grande, tu peux te mettre très en colère. Pour te représenter cela, déplie entièrement tes doigts, ton cerveau d'en haut ne touche plus ton cerveau d'en bas, cela signifie qu'il ne peut plus l'aider à se calmer. (…) »

« Donc la prochaine fois que tu sens que tu vas exploser, imite ton cerveau avec ta main. (…) Déplie les doigts, puis replie les lentement pour qu'ils recouvrent ton pouce, cela te rappellera d'utiliser ton cerveau du haut pour apaiser les émotions fortes de ton cerveau du bas ! »

Et on l'utilise comment ?

Une fois la démonstration faite, rappelez-lui que son cerveau du haut peut apaiser celui du bas ! Autrement dit, il peut, en s'entraînant, arriver à formuler pourquoi il est fâché, sans hurler ! Vous pouvez aussi lui indiquer qu'il peut se servir (et vous aussi en tant que parent !) de la main ouverte pour indiquer qu'il est en colère et qu'il a besoin de reconnecter son cerveau du haut avec son cerveau du bas : c'est le moment du temps de pause (voir p. 83) ou d'outils de relaxation, méditation ou encore visualisation pour l'aider à se calmer (voir p. 71).

Chapitre 5

Et moi en tant que parent ?

Comme tous les parents, vous avez à cœur le bien-être de votre enfant et souhaitez le meilleur pour lui ! Mais pour cela vous avez besoin de rester zen face à ses émotions tout en affirmant votre autorité et en évitant l'épuisement ! Et évidemment, les solutions pour y arriver ne sont pas les mêmes selon votre style parental ! Votre mission : trouver les clés qui vous conviennent vraiment pour vous épanouir dans votre rôle de parent et vous préserver. C'est avant tout comme cela que vous pourrez élever votre enfant dans la bienveillance !

Mon autoportrait de parent !

Vous vous en êtes sûrement rendu compte en voyant votre enfant grandir, mais l'adage « on ne naît pas parent, on le devient » ne pouvait pas être plus juste ! Eh oui, aucun parent n'est parfait ! Avec le recul, vous vous en rendez sûrement compte ! Reste qu'il existe des attitudes que chacun peut adopter pour favoriser le bien-être de son enfant. Envie d'être un parent toujours plus bienveillant ? Veillez à ajuster votre comportement… en fonction de votre style parental !

Les styles parentaux, quèsaco ?
La psychologue clinicienne Diana Baumrind s'est intéressée au lien entre les différentes approches parentales et les compétences sociales de l'enfant. Ses recherches ont permis de mettre en avant quatre styles parentaux (autoritaire, permissif, démocratique et désengagé) qui caractérisent le type d'interactions que les parents ont avec leur enfant. Ces styles sont définis selon deux critères :

- Le niveau de chaleur, d'attention et d'affection que le parent offre à son enfant.
- Le niveau d'encadrement de l'enfant et d'exigence du parent envers lui.

Ses conclusions : quand les parents parviennent à mêler chaleur et encadrement, la vie de famille se déroule au mieux. Par contre, quand la présence de l'un ou de l'autre est trop marquée ou que les parents passent facilement de l'un à l'autre, brouillant les repères de l'enfant, le bât blesse ! Votre objectif : trouver le bon équilibre !

Je suis plutôt autoritaire

C'est tout moi si...

Vous êtes tout sauf permissif(ive) ! Pour vous, la discipline est très importante et on vous a élevé(e) comme ça, à la dure ! Résultat : vous laissez peu de place à la discussion et usez de la punition quand vous le jugez nécessaire et sans forcément donner d'explication à votre enfant. Vous êtes plutôt (très) exigeant(e) avec lui : vous attendez qu'il obéisse, qu'il se débrouille vite et par ses propres moyens. Après tout, vous êtes vous-même passé(e) par là et vous n'avez pas de doute, c'est pour son bien ! C'est comme cela qu'il parviendra à devenir autonome et à bien s'intégrer dans la vie d'adulte !

Et pour mon enfant, cela veut dire quoi ?

Pour vous, être strict(e) aujourd'hui permettra demain à votre enfant d'être plus fort, de faire face à l'adversité ! Et à certains titres, c'est vrai : les enfants élevés dans un cadre très sévère peuvent être exigeants envers eux-mêmes et se fixer des objectifs pour réussir. Mais aussi louables soient vos intentions, il est important de garder à l'esprit que, face à un parent autoritaire, un enfant a peu de place pour exprimer ses émotions et ses besoins, peut avoir des difficultés à comprendre les raisons des (nombreuses) interdictions fixées par ses parents, voire vivre une certaine anxiété face à leurs exigences. À long terme, cela peut même venir nourrir des problèmes d'estime de soi.

Ma to-do list pour être plus « chill » :

- Permettez à votre enfant de prendre certaines décisions le concernant – un choix vestimentaire, une activité qui lui plairait (voir p. 41).
- Donnez-lui quelques explications sur les raisons d'une interdiction (pourquoi vous ne voulez pas qu'il coure dans le salon, qu'il saute sur le canapé...).
- Réservez un moment rien que pour lui, durant lequel il aura toute votre attention (partagez un jeu qu'il apprécie, faites une activité ensemble...).
- Assurez-vous que ce que vous lui demandez est adapté à son âge (voir p. 35).

Je suis plutôt permissif(ive)

C'est tout moi si...

Imposer des contraintes ou des règles à votre enfant ? Non, vraiment, ce n'est pas votre truc ! Vous, vous êtes plutôt adepte de la relation parent-copain. Au quotidien, vous faites donc preuve d'affection, demandez à votre enfant son avis, vous le laissez s'exprimer... Pour vous, c'est la garantie d'un enfant épanoui. Par contre, quand il faut lui dire non, tenir un cadre ou fixer des limites, vous êtes plutôt aux abonnés absents. En filigrane, vous avez une peur, consciente ou non, d'être rejeté(e) ou de perdre l'amour de votre enfant si vous ne lui répondez pas positivement ! Alors, certes, vous pressentez sûrement que ce n'est pas suffisant, mais pourquoi le contrarier : il n'est encore qu'un enfant !

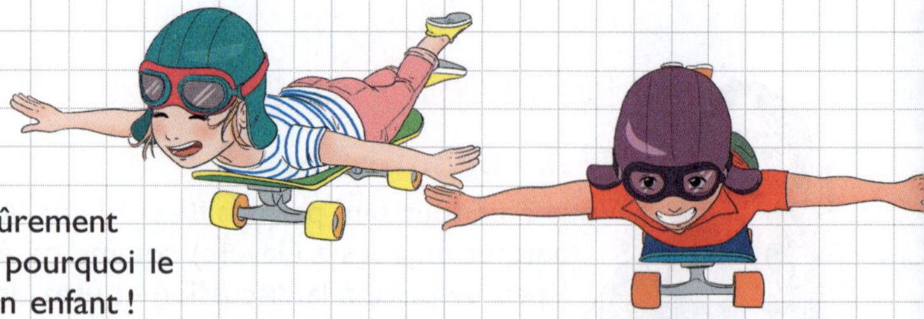

Et pour mon enfant, cela veut dire quoi ?

Certes, jouir de toute une série de libertés peut apporter beaucoup à votre enfant, et vu comme ça, il ne viendrait pas s'en plaindre ! Mais avoir un parent trop permissif n'est pas vraiment une panacée non plus et ceci pour plusieurs raisons :

- Une trop grande liberté peut générer chez votre enfant une certaine anxiété. Souvenez-vous : il a besoin d'un cadre (voir p. 22), de limites et de règles pour bien grandir !
- Il peut rencontrer bien des difficultés à accueillir et gérer ses émotions, être plus immature que ses petits copains, voire être perçu comme un enfant roi, complètement ingérable !
- Il peut avoir tendance à se décourager facilement devant l'effort par manque de confiance en lui !
- Il peut être moins porté à explorer le monde du fait d'une certaine insécurité. Après tout, faire toujours ses propres choix et manquer de cadre est une vraie source de stress !

Ma to-do list pour être un peu plus strict(e) :

- Entraînez-vous à être plus ferme, tout en restant dans le respect de ses besoins. Commencez par maintenir votre position si vous êtes convaincu(e) de son bien-fondé. N'oubliez pas : votre ton, votre regard et vos gestes doivent confirmer vos paroles !
- Dites-vous que vous n'êtes pas son ami, mais plutôt son coach ! Faites-vous confiance : en tant que parent, vous savez ce qui est bon pour lui !
- Posez des limites à votre enfant, dites-lui « non » quand cela est nécessaire. Pour cela, commencez par différencier ses besoins de ses désirs (voir p. 53).

Lui dire non ? Mission impossible !

Vous ne savez pas dire non à votre enfant ? Lancez-vous avec ces cinq pistes !

- Entraînez-vous petit à petit sur des choses peu impliquantes, des situations faciles où vous éprouverez peu d'anxiété (des bonbons avant le dîner, par exemple !).
- Visualisez les conséquences : si vous ne lui dites pas « STOP » lorsqu'il grimpe sur la table, il risque de tomber et de se faire mal !
- Cherchez pourquoi : demandez-vous ce que vous craignez. Perdre son amour ? Générer de la tristesse chez votre enfant ?
- Argumentez votre réponse : vous ne lui dites pas non pour rien, il peut se faire mal !
- Tenez vos engagements : non c'est non, on ne négocie pas sur la sécurité !

Je suis plutôt démocratique

C'est tout moi si…

Votre truc : être à l'écoute de votre enfant tout en lui posant un cadre sécurisant. Et pour le moment, vous avez l'impression que c'est plutôt payant : votre climat familial est chaleureux, vous pouvez discuter de tout ensemble… Côté autorité, vous n'avez pas à rougir de vos initiatives : les règles que vous fixez sont généralement assez claires et cohérentes, vous vous assurez qu'elles sont appliquées avec une certaine constance, vous adaptez aussi souvent que possible vos attentes à l'âge de votre enfant… Et dans ce cadre plutôt serein, votre enfant a aussi son mot à dire : vous êtes soucieux(se) de prendre en compte ses idées, vous l'encouragez à prendre des initiatives… Après tout, c'est aussi comme cela qu'il grandit !

Et pour mon enfant, cela veut dire quoi ?

Avoir un parent démocratique, c'est profiter à la fois de chaleur et d'encadrement et ça, c'est tout bénef pour le développement de votre enfant ! Au quotidien, il se sent aimé et en sécurité et noue donc aussi des relations positives avec les autres ! Autres grands avantages pour lui : il développe(ra) plus facilement son autonomie et sa curiosité, il sera plus à même de collaborer et aura de meilleures capacités de régulation de ses émotions et de son comportement !

Ma to-do list pour poursuivre sur ma lancée :

- Continuez à maintenir l'équilibre entre l'affection que vous donnez à votre enfant et l'encadrement que vous lui proposez !
- Faites appel à votre partenaire ou à vos proches si dans certaines situations cet équilibre est dur à conserver !

Je suis plutôt désengagé(e)

C'est tout moi si…

Vous donnez plutôt peu d'attention à votre enfant et vous impliquez peu dans son quotidien. Ce n'est pas faute de vouloir en faire plus, mais vous êtes simplement débordé(e) par autre chose, à commencer par le boulot ou vos soucis d'adulte, qui accaparent votre énergie ! Vous aimeriez aussi être plus affectueux(se) et savoir lui poser un cadre plus ferme, mais voilà : vous n'avez jamais appris à le faire car vos parents ne vous ont pas vraiment guidé(e) dans cette voie. Résultat : parvenir à donner ce que vous n'avez pas reçu est difficile… Et c'est tout à fait normal !

Et pour mon enfant, cela veut dire quoi ?

Avoir un parent désengagé, ce n'est pas toujours simple pour un enfant. En effet, le manque d'affection, mais aussi d'encadrement peuvent favoriser des problèmes de comportement ! Sans compter que votre enfant peut chercher à obtenir de l'attention en testant encore plus les limites, et manquer de sécurité et de confiance intérieure !

Que faire ?

- Faites-vous aider ! Si votre énergie est ailleurs, laissez d'autres personnes prendre soin de votre enfant jusqu'à ce que vous soyez en mesure de le faire !
- Apprenez (il n'est jamais trop tard) ! Inspirez-vous de votre entourage, consultez des professionnels (psychologues, médecins) pour apprendre à prendre soin de votre enfant et à avancer sur vos problématiques personnelles.

Je suis plutôt surprotecteur(trice)

C'est tout moi si...

Quand il s'agit de votre enfant, tout vous inquiète ! Pour vous, le monde est plein d'adversité et de dangers et vous en êtes convaincu(e), il peut arriver quelque chose de grave à n'importe quel moment. Résultat : vous essayez de protéger votre enfant au maximum ! Après tout, il aura encore le temps pour découvrir les rudesses de la vie ! C'est aussi sûrement pour cette même raison que vous avez tendance à faire les choses à sa place. Comme cela, au moins, il n'y a pas de risques ! Et si votre enfant a un comportement difficile, vous essayez le plus souvent d'éviter de le frustrer ! Même s'il n'y a pas de danger, autant lui éviter les événements difficiles à vivre !

Et pour mon enfant, cela veut dire quoi ?

Vous et votre enfant avez sûrement une relation fusionnelle... Et cela vous apporte plus d'amour que vous n'auriez pu en espérer ! Mais malheureusement, avoir un parent surprotecteur peut favoriser quelques difficultés, comme la peur de la séparation ! Certes, c'est tout à votre honneur de vouloir protéger votre enfant, mais il peut à son tour percevoir le monde comme dangereux et finir par éprouver de l'anxiété. Autre hic : en ne pouvant pas vraiment faire les choses lui-même, votre enfant peut peiner à gagner en autonomie et finalement avoir peu confiance en lui !

Votre to-do list pour être plus zen :

- Encouragez votre enfant à faire des choses par lui-même comme mettre ses chaussures, préparer son petit déjeuner. Vous verrez, il prendra vite confiance en lui !
- Tentez d'apaiser vos (parfois trop grandes !) inquiétudes. Souvenez-vous, la plupart de vos peurs sont dans votre tête ! Vous pouvez essayer de pratiquer la méditation de pleine conscience ou encore la cohérence cardiaque (voir p. 68) et/ou consulter un spécialiste pour vous aider !
- Donnez-lui un coup de main pour réparer ses erreurs (montrez-lui comment reconstruire, ramasser, nettoyer), vous ne pouvez pas le prémunir de tout et il faut qu'il puisse petit à petit prendre une certaine responsabilité (bienveillante) de ses actes !

Je suis plutôt perfectionniste

C'est tout moi si…

Votre priorité est l'intérêt de votre enfant ! Normal, vous voulez le meilleur pour lui. Ce qui implique que vous avez aussi un certain niveau d'exigence ! Ainsi, vous attendez en général qu'il ait des (très) bons résultats et qu'il donne le meilleur de lui-même tout le temps, que ce soit à l'école ou dans ses activités périscolaires. Résultat : pour que votre enfant apprenne, vous n'hésitez pas à le faire recommencer encore et encore pour qu'il puisse tendre vers la perfection ! Ce n'est pas toujours évident – d'autant que vous êtes difficilement satisfait(e) – mais vous en restez convaincu(e) : votre enfant vous remerciera plus tard. Par ailleurs, certaines valeurs sont très importantes pour vous. Du coup, pas de compromis : votre enfant doit absolument les intégrer et les respecter quel que soit son âge.

Et pour mon enfant, cela veut dire quoi ?

Vous en êtes certain(e) : en poussant votre enfant à l'excellence, vous l'aiderez à se surpasser et à se fixer toujours plus de challenges, ce qui l'aidera dans sa vie d'adulte ! C'est vrai, mais attention à ne pas mettre la barre trop haut ! En effet, face à un parent perfectionniste, l'enfant a souvent l'impression de n'être jamais suffisamment à la hauteur. Il est sous pression et peut même développer le sentiment de ne pas exister s'il échoue ou s'il n'arrive pas le premier. Sans compter que votre enfant peut porter vos idéaux à vous (pas les siens !) et s'il sent qu'il doit satisfaire vos aspirations, il ne pourra peut-être pas totalement être lui-même. Le hic : cela peut porter un sacré coup à sa confiance en lui !

Votre to-do list pour lâcher du lest !

- Essayez d'accepter que votre enfant ne fasse pas tout à la perfection : il n'a pas eu la meilleure appréciation de la classe ? Ce n'est pas grave !
- Donnez-lui la possibilité de choisir une activité qu'il aime, des choses à faire de son âge. Il veut faire de la peinture et ça craint pour votre salon ? Ce n'est (toujours) pas grave : sortez la toile cirée, et laissez-le faire !
- Essayez de limiter la pression côté performance : il se la met sûrement déjà assez !

Stop à la pression !

L'essentiel à retenir est d'être le (la) plus serein(e) possible avec votre parentalité en vous adaptant de votre mieux à votre enfant ! Aucun parent n'est parfait et l'enfant parfait n'existe pas non plus ! Votre challenge : réussir à vous faire confiance en tant que parent et privilégier les besoins de votre enfant ! Prenez du recul en acceptant vos erreurs et en les reconnaissant verbalement devant votre enfant ! Et dites stop à la comparaison avec les autres parents et avec les autres enfants !

Mes règles d'or pour renforcer mon autorité

L'éducation de votre enfant ? Vous aimeriez qu'elle soit parfaite ! Le respect des consignes à la maison ? Vous rêveriez qu'il soit zen, sans accrocs ! Mais évidemment, ce n'est pas comme cela que ça se passe ! Reste une solution pour vous en approcher le plus possible : faire preuve d'autorité, tout en restant bienveillant(e). Et pour cela, quelques petites règles peuvent faire une grosse différence !

Je fais la différence entre autorité et autoritarisme !

L'autorité, vous commencez à la cerner ! Mais savez-vous ce qu'est l'autoritarisme ? L'autoritarisme est une façon d'exercer le pouvoir d'une manière verticale. D'un côté, le parent donne des ordres, prend des décisions arbitraires (généralement centrées sur son confort et son bien-être). De l'autre, l'enfant doit se soumettre. Pour certains parents, il peut même se justifier : après tout, il faut préparer les enfants à « se battre » tant la vie est parfois difficile, et c'est dans les valeurs de la famille, ou cela permettra de préparer les enfants à se battre tant la vie…

Je dis non…

Pour mille et une raisons ! La preuve ? L'autoritarisme favorise…

- Les tensions dans la famille.
- L'installation de rapports de forces qui finissent souvent avec une escalade dans la punition.

- Une perte de la véritable autorité : trop d'autorité tue l'autorité ! Sans compter qu'il ne prend absolument pas en compte les besoins de l'enfant !

Par contre, je dis oui…

À une autorité plus souple (tout du moins un peu !) dans un cadre sécurisant.

Je pratique la relation égalitaire

Quand vous étiez petit(e), à la maison, c'était très clair : vos parents donnaient la consigne et vous obéissiez… Un point c'est tout ! Alors certes, vous n'êtes pas malheureux(se) aujourd'hui, mais n'avez-vous pas envie d'autre chose pour votre famille ?

Je dis non…

Au modèle éducatif « traditionnel » basé sur une relation parent-enfant faite d'autorité et de soumission !

Par contre, je dis oui…

À une éducation plus bienveillante, à une relation d'être humain à être humain égalitaire pour vous et votre enfant (et sans violence, cela va de soi !). Concrètement, cela veut dire quoi ?

- Les besoins de votre enfant sont tout aussi importants que les vôtres, vous recherchez votre épanouissement à tous les deux.
- Vous coopérez, favorisez l'apprentissage par la compréhension. Par où commencer ? N'hésitez pas à mettre en place les bons outils de coopération.

J'exerce une autorité juste et raisonnée !

Exercer une autorité positive ? Bien sûr que vous adoreriez, mais visiblement, répétez vingt fois la consigne en gardant le sourire, ça ne marche pas. Alors comment faire ?

Je dis oui…

À une relation faite de bienveillance et de fermeté dans laquelle vous pouvez exiger et interdire quand cela est nécessaire, dans le respect de vos besoins et de ceux de votre enfant. Plus concrètement, veillez à…

- Faire preuve d'une certaine fermeté (la politesse est une règle importante pour vous et à respecter !) lorsqu'il le faut et de souplesse à d'autres moments (lâchez l'affaire s'il n'embrasse pas sa tatie Josette qui fait d'ailleurs un peu peur !).

- Fixer des règles justes (et les faire respecter !).
- Écouter votre enfant et lui accorder votre attention, il écoutera d'autant plus vos consignes !
- Être simplement l'adulte que vous auriez aimé avoir à vos côtés quand vous étiez enfant.

Vous créerez ainsi au fil des jours une atmosphère basée sur le plaisir, la joie, la sérénité et le respect mutuel !

Mes 4 outils pour rester zen face à mon enfant

Il a parfois été difficile à atteindre, mais vous avez fini par trouver le juste équilibre entre le cadre (que vous fixez à votre enfant) et l'affection (que vous lui donnez). Reste un ingrédient à votre recette gagnante : le calme ! Et voici quelques outils pour vous permettre de rester zen en toute circonstance !

Le contact doux

Ça consiste en quoi exactement ?

Utilisé avec votre enfant, le contact doux constitue une communication silencieuse et puissante qui lui fera ressentir que vous l'aimez quoi qu'il arrive !

C'est bon pour lui car...

Le toucher et le câlin permettent, entre autres, la sécrétion de l'ocytocine (connue sous le nom d'hormone de l'amour ou encore de l'attachement). En sentant votre doux contact (pendant au moins sept secondes, le temps que la fameuse hormone soit sécrétée), votre enfant peut donc se calmer, s'apaiser, être réconforté ! Le toucher transmet un message de respect qui peut aider votre enfant à se sentir en sécurité.

C'est bon pour vous car...

Vous bénéficiez tout autant des bienfaits de l'ocytocine. Le toucher doux permet donc un retour au calme (vous restez zen !) et en plus il nourrit la relation d'attachement. En d'autres mots : plus vous vous câlinez, plus vous êtes proche de votre enfant !

C'est décidé, je me lance...

- Veillez tout d'abord à être en condition pour apaiser et calmer votre enfant, et donc à être vous-même calme et apaisé(e) ! Vous êtes à cran après une dispute avec votre moitié, éreinté(e) par le stress du boulot, ce n'est pas le meilleur moment !
- Regardez votre enfant dans les yeux (si c'est possible !) et prenez-le dans vos bras s'il est d'accord.
- Ce n'est pas possible ? Posez simplement votre main sur son bras, son dos ou sa jambe pour lui indiquer que vous êtes là pour lui !

Le temps de pause

Ça consiste en quoi exactement ?

Le temps de pause est une action de quelques minutes seulement que vous pouvez réaliser quand vous sentez que vous ou votre enfant allez sortir de vos gonds !

C'est pour lui (et pour vous) car...

Prendre un temps calme vous permettra à tous les deux de vous apaiser et donc de ne pas réagir à chaud. Ce petit moment à vous peut vous permettre de baisser le niveau de pression et ainsi être capable de raisonner et d'adopter une attitude constructive !

C'est décidé, je me lance...

- Commencez par expliquer l'idée du temps de pause à votre enfant et identifiez ensemble ce qui pourrait vous permettre de vous apaiser tous les deux.
- Mettez-vous d'accord sur un signe qui représente le temps de pause. Ce signe est à utiliser quand vous ressentez le besoin de faire un break ou quand vous pensez que votre enfant devrait en faire un !
- La tension monte pour vous ou pour votre enfant ? Vous sentez que la crise n'est pas loin ? Faites le geste choisi ou dites « J'ai besoin de mon temps de pause » (en faisant le geste !).

L'expression de mes besoins

Ça consiste en quoi exactement ?

Vous le savez : apprendre à raisonner en termes de besoins est primordial, notamment pour aller vers une résolution des conflits plus pacifique ! Ainsi, faire part à votre enfant de votre humeur, de votre état de fatigue et donc de votre besoin de calme ou d'être respecté(e) peut lui permettre d'entendre et de mieux vous comprendre. En grandissant, il pourra ajuster sa réaction pour en tenir compte et éviter ainsi la tempête émotionnelle habituelle.

C'est bon pour lui car...

Votre enfant ne peut pas deviner ce dont vous avez besoin ! Il faut donc que vous le verbalisiez clairement pour lui pour qu'il puisse comprendre. De plus, exprimer clairement ce dont vous manquez peut lui permettre de ne pas se sentir visé si vous avez une réaction excessive face à son comportement. Enfin, en communiquant votre état émotionnel, vous pourrez enclencher un cercle vertueux d'empathie avec votre enfant !

C'est bon pour vous car...

Vous pourrez (enfin) voir vos besoins satisfaits et donc éviter les réactions émotionnelles excessives !

C'est décidé, je me lance...

- Essayez de commencer vos phrases par « j'ai (ou j'aurais eu) besoin de... » : vous verrez, cela change tout ! Vous pouvez aussi utiliser une formulation type : « J'ai vraiment besoin de sentir que... »
- Apprenez à comprendre vos émotions ! Vos émotions sont liées à vos besoins : elles vous préviennent comme un signal d'alarme si vos besoins ne sont plus satisfaits. Pour que vous puissiez vous exprimer clairement face à votre enfant, veillez donc à vous exercer à reconnaître vos émotions et à les exprimer !
- Pensez à le remercier d'avoir respecté votre besoin (de calme, par exemple) et de s'être montré compréhensif !

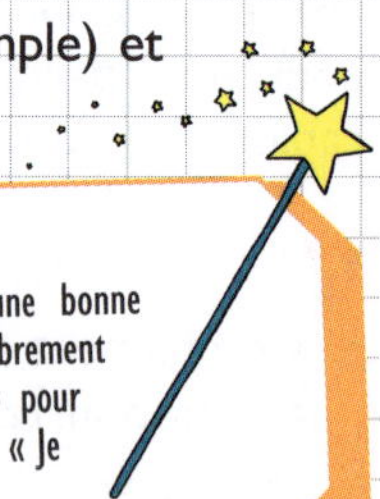

Et si vous testiez la méthode Gordon ?
Le psychologue Thomas Gordon a proposé dans les années 1970 une méthode éponyme qui explique qu'une bonne communication entre deux personnes ne peut se faire que si chacune écoute l'autre et qu'elles expriment librement leurs besoins ! Quand vos besoins de parent ne sont pas satisfaits, il préconise de s'exprimer en « message-je » pour communiquer vos émotions et vos besoins ! Un exemple ? Au lieu de lui dire « Fais moins de bruit », précisez « Je suis fatigué(e), j'ai besoin de calme ». À tenter !

Le réservoir affectif

Ça consiste en quoi exactement ?

Généralement, quand un réservoir est vide, on n'avance plus ! Il en va de même pour votre réservoir affectif (ou d'amour) ! Pour concevoir son importance, imaginez une sorte de vase dans votre corps (et dans celui de l'enfant) qui se vide au cours de la journée et a besoin d'être sans cesse rempli d'amour (comme on arroserait une plante !). Chez votre enfant, un réservoir vide peut donner lieu aux fameux comportements inappropriés. Et votre réservoir affectif de parent, on en parle ?

C'est bon pour vous car…

Quand votre réservoir affectif est plein, l'émotion dominante est la joie et votre seuil de tolérance est haut face aux comportements de votre enfant ! Vous pouvez alors faire preuve de bienveillance, de patience et d'écoute ! Par contre, quand il est vide, vous risquez d'être plus irritable, de mauvaise humeur, de perdre votre calme et d'être envahi(e) par la colère… Votre mot d'ordre : évitez que votre réservoir soit sur la réserve !

C'est bon pour lui car…

En veillant à ce que votre réservoir affectif soit plein, vous sensibilisez votre enfant à son importance. Lui aussi a besoin de remplir sa jauge par des câlins, des jeux, votre présence… Le hic : il n'est pas toujours entendu ! En lui donnant l'exemple, vous lui donnerez aussi quelques clés pour faire le plein (avec vous, bien sûr) ! Un câlin, un moment de jeu avec vous, l'accueil de ses émotions, et c'est reparti !

C'est décidé, je me lance…

L'une des meilleures façons de remplir votre réservoir est de prendre soin de vous en faisant des choses qui vous font du bien ! Une activité qui vous fait plaisir, une sieste, du sport, une musique qui vous booste, un soin… Tout est bon tant que cela vous permet de vous octroyer un temps pour vous, et surtout, que cela conduit ensuite à apprécier de retrouver votre enfant !

Mon programme anti-usure parentale

La parentalité est loin d'être un long fleuve tranquille ! Vous l'avez sûrement constaté par vous-même : si votre enfant est une source intarissable de bonheur, il participe aussi (malheureusement) à votre stress et à votre épuisement. La vie de famille est ainsi faite : ce n'est pas de sa faute. Vous sentez que vous êtes à deux doigts de craquer ? Adoptez vite ces quelques préceptes anti-usure !

J'en finis avec le mythe du parent parfait !

En voyant les autres parents, vous avez toujours l'impression qu'ils font tout comme il faut et que vous, vous éprouvez des difficultés ne serait-ce qu'à choisir le bon goûter ! Stop !

Au secours, je vais craquer !

Cette pression sociétale qui veut vous faire croire que les autres sont de meilleurs parents que vous est absurde ! Les parents parfaits n'existent pas ! Vous voulez le meilleur pour votre (ou vos) enfant(s) et c'est tout à votre honneur, mais rappelez-vous que le mieux est l'ennemi du bien !

Mes priorités !

- **Accepter de lâcher prise !** Ce n'est pas grave si vous n'avez pas eu le temps de préparer le repas bio fait maison du petit dernier avant le départ chez la nounou ! Il aura un petit pot et sera probablement ravi ! Eh non, vos enfants n'ont pas absolument besoin de pratiquer un sport, une activité musicale et du théâtre ! Une activité et ils seront déjà bien épanouis !
- **Déterminer des priorités et vous y tenir :** autrement dit, choisissez vos combats ! Vous avez décidé de prendre un temps pour jouer avec votre enfant au lieu de passer des heures en cuisine ? Ils seront ravis avec du poisson pané sorti du congélateur !

Soyez un parent suffisamment bon, c'est suffisant !
Le concept de la mère suffisamment bonne a été mis au point par le pédiatre et psychanalyste Donald W. Winnicott… Et vous avez tout intérêt à l'appliquer à vous-même ! « Suffisamment bon » signifie en effet que vous n'êtes ni parfait(e), ni idéal(e), ni omniprésent(e), mais « juste assez ». Mieux encore, cette vision implique que vous faites des erreurs qui vous permettent de mieux comprendre votre enfant et de répondre à ses besoins. Ainsi, en tant que parent « suffisamment bon » vous ferez de votre mieux, apprendrez au fil de vos erreurs et aiderez votre enfant à devenir « suffisamment » autonome ! Il n'a besoin de rien d'autre !

Je travaille sur mes compétences émotionnelles

C'est la fin de la journée (super rude), votre enfant vous fait une scène dont lui seul a le secret parce qu'il a perdu son doudou (dans son lit), la maison est dans un état proche de l'apocalypse… Vous aimeriez bien savoir comment réagir, mais force est de constater que vous ne savez pas trop mettre des mots sur ce que vous ressentez !

Les compétences émotionnelles : quèsaco ?
Les compétences émotionnelles désignent la capacité à identifier, à comprendre, à exprimer et à utiliser ses émotions et celles d'autrui. Cet ensemble de compétences joue donc un rôle essentiel dans votre santé mentale et physique, mais aussi dans vos performances au travail et dans les relations sociales !

Au secours, je vais craquer !

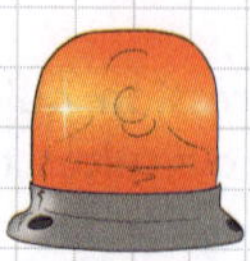

En tant qu'adulte, vous avez sûrement parfois du mal à gérer vos émotions… Normal, cela arrive à tout le monde ! Et si c'était là, le signe qu'il était temps de travailler vos compétences émotionnelles ? L'enjeu : comprendre ce que vous ressentez, gérer vos émotions fortes et leurs potentielles réactions, mais aussi expliquer et comprendre l'état émotionnel de votre enfant ! Et si en plus cela pouvait vous permettre de vous sentir capable d'atteindre les objectifs que vous vous fixez ? Banco !

Mes priorités :

- Apprendre à mieux vous écouter : à ressentir, identifier, comprendre et accepter vos émotions ! Faites de votre capacité d'introspection, une force !
- Veiller à mieux exprimer vos émotions : à dire, montrer, partager ce que vous ressentez avec les autres ! Ouvrez votre cœur à votre entourage !
- Être attentif(ive) aux autres : repérer, entendre, respecter et accompagner les émotions des autres ! Soyez empathique et compréhensif(ve) envers autrui pour des échanges plus harmonieux et apaisés !
- Être en harmonie avec ceux que vous aimez : aimez et laissez-vous aimer, sachez le dire, le montrer, l'alimenter et soyez toujours concerné(e) par ceux qui partagent votre vie ! Votre priorité : rendre heureux ceux qui vous rendent heureux ! En plus, cela vous permettra d'éprouver tout un tas d'émotions positives : foncez !

Je prends du temps pour moi !

La dernière fois que vous avez fait un break ? Difficile à dire… peut-être en 2015 ? Quoique, vous n'êtes même plus sûr(e), tellement cela vous semble une éternité !

Au secours, je vais craquer !

Comment pourriez-vous vous occuper des autres (et *a fortiori* de petits êtres humains !) quand vous ne prenez pas soin de vous ? Une chose est sûre : vous n'avez pas à faire passer vos besoins après ceux de votre famille, ni à vous sacrifier ! Vous comptez tout autant que chacun des membres de votre famille. Ne culpabilisez pas, vous le méritez !

Mes priorités :

- **Vous accorder du temps rien que pour vous :** une activité sportive, de la méditation, du yoga, de la sophrologie, peu importe tant que cela vous fait du bien et que vous vous évadez quelques minutes en ne pensant rien qu'à vous !
- **Reconsidérer éventuellement votre temps de travail et la balance entre vie perso/vie pro** en trouvant ou retrouvant un équilibre qui vous convient ! Pour avancer dans cette démarche complexe, n'hésitez pas à vous faire aider (coach, psy, formation…).
- **Faire attention à la qualité de votre sommeil :** c'est un paramètre indispensable pour recharger vos batteries, mais aussi pour booster votre mémoire, renforcer votre système immunitaire ou encore réguler votre métabolisme ! En d'autres mots : c'est important !

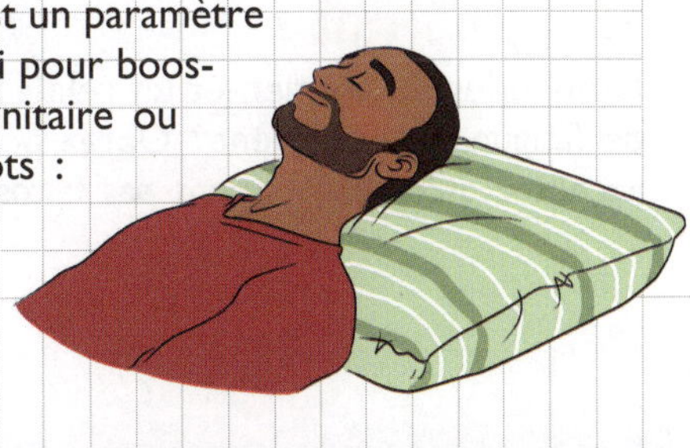

Je réduis ma charge mentale !

Votre esprit est tellement pris à ressasser toutes vos to-do lists du jour que vous êtes à deux doigts de faire une to-do list de vos to-do lists. Pas de doute : votre charge mentale déborde !

Au secours, je vais craquer !

Penser à tout, tout le temps, c'est épuisant ! Ce n'est pas tellement le fait de devoir faire tout ce qu'il y a à faire qui vous fatigue, mais d'y penser, de ne pas oublier et d'avoir l'impression que votre to-do list ne se vide jamais ! Pour les parents, la charge mentale, c'est avoir toujours en tête tout ce qui concerne le bon fonctionnement de votre famille. C'est aussi organiser et faire les tâches familiales sans pouvoir faire de pause. Bref, cela revient à penser en permanence à la gestion du foyer (courses, tâches domestiques, planning quotidien), même pendant les moments de détente ! Le risque : la saturation mentale ! Alors c'est décidé, le changement c'est maintenant !

Vos priorités :

- Impliquer votre enfant (et votre partenaire) dans les tâches ménagères : chacun contribue à la hauteur de ce qu'il peut faire !
- Vous féliciter grâce à une did-list (plutôt qu'une to-do) : en notant tout ce que vous avez déjà fait, vous apprécierez de voir le chemin accompli !
- Ralentir et réduire la quantité des activités des enfants (et cela évite le surplus de déplacements !).

Je demande de l'aide !

Malgré tous vos efforts vous êtes dans l'impasse ? Vous vous sentez un peu/beaucoup/complètement dépassé(e) ? Pas de panique, cela arrive à tous les parents ! Reste un seul bon réflexe à adopter : ne pas rester seul(e) !

Au secours, je vais craquer !

Demandez de l'aide n'est pas toujours facile, d'autant plus que cela revient à reconnaître que vous rencontrez une difficulté ! Se faire aider est cependant indispensable pour lutter contre l'épuisement. Alors ne vous sentez pas coupable ou honteux(se) !

Mes priorités :

Demander du soutien et un relais à votre partenaire : a-t-il/elle conscience de votre état de fatigue, d'épuisement ? Optez pour une répartition des tâches domestiques et surtout acceptez qu'elles ne soient pas faites à votre manière !

Solliciter votre entourage : que ce soient vos parents, amis ou voisins ! Tournez-vous vers ceux qui peuvent prendre le relais avec vos enfants, les garder quelques heures (ou plus) pour vous permettre de souffler un peu et de vous ressourcer.

Faire appel à un psychologue : il existe des professionnels de l'écoute qui peuvent vous accompagner à traverser cette période de vulnérabilité. N'hésitez pas : il suffit parfois d'une ou deux séances pour aller déjà mieux !

Attention au burn out parental !

Vous êtes continuellement épuisé(e) ? Vous vous sentez irritable ? Vous ne vous sentez plus capable d'assurer votre rôle de parent ? Vous souffrez peut-être de burn out parental ! Appelé aussi syndrome d'épuisement, le burn out parental est un état de stress chronique lié à la parentalité qui est associé à une grande fatigue physique et psychologique. Le burn out touche environ 5 % des parents et impacte la relation avec les enfants, mais aussi le couple. Passer du temps avec ses enfants devient une corvée, ce qui s'accompagne d'une lourde culpabilité ! Pas de panique, des solutions existent, vous pouvez même prendre contact avec des spécialistes du burn out parental en France. Consultez la liste de ces professionnels formés sur le site https://www.burnoutparental.com. Vous pouvez également trouver du soutien auprès d'autres parents sur la page Facebook Soutien Burn-Out parental France.

Bibliographie

- Baumrind Diana, *Parental disciplinary patterns and social competence in children*, Youth and Society, 1978, 9(3), 239-276.
- Bowlby John, *Attachment and Loss* (Vol. 2), Penguin Separation, 1973.
- Ekman Paul, *Emotions in the Human Face*, Malor Books, 2015.
- Filliozat Isabelle, *Au cœur des émotions de l'enfant*, Marabout, 2019.
- Gordon Thomas, *Éduquer sans punir*, Marabout, 2019.
- Hendriksen Ellen, *How to be yourself: quiet your inner critic and rise above social anxiety*, St Martin's Press, 2018.
- Martin-Blachais Marie-Paule, *Démarche de consensus sur les besoins fondamentaux de l'enfant en protection de l'enfance*, 2017.
- Maslow Abraham, *A theory of Human Motivation*, Psychological Review, 1983, 50, 370-396.
- Mikolajczak Moïra & Roskam Isabelle, *Le Burn-out parental : l'éviter et s'en sortir*, Odile Jacob, 2020.
- Nelsen Jane, *La Discipline positive : en famille, à l'école, comment éduquer avec fermeté et bienveillance*, Marabout, 2014.
- Siegel J. Daniel & Payne Bryson Tina, *Le Cerveau de votre enfant*, Les Arènes, 2015.
- Wiggins J. L., Briggs-Gowan M. J., Brotman M. A., Leibenluft E., Wakschlag L. S., *Toward a developmental nosology for disruptive mood dysregulation disorder in early childhood*, Journal of the American Academy of Child and Adolescent Psychiatry, 2021, 60(3) : 388-397.
- Walter Mischel, *Le Test du marshmallow*, JC Lattès, 2014.

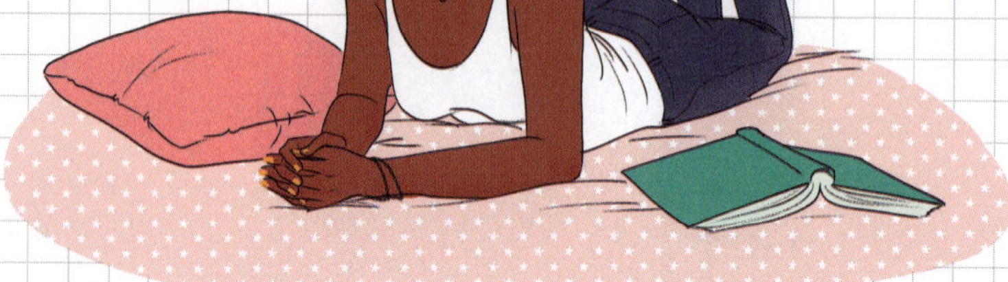

Carnet d'adresses

- Papa positive : https://papapositive.fr
- Naître et grandir : https://naitreetgrandir.com
- Apprendre à éduquer : https://apprendreaeduquer.fr
- Les Supers Parents : https://www.les-supers-parents.com

Remerciements

Comme je le dis souvent en accompagnant les parents dans le long (et riche) chemin de la parentalité : il faut choisir son combat ! Et écrire ce livre, c'est ma façon de mener un combat, celui d'aller vers plus d'harmonie et de sécurité dans les familles ! Ce travail a été rendu possible grâce à de nombreux soutiens : famille, amies, collègues ! Alors un grand merci à vous tous !
À mon mari et à son soutien sans faille ! À mes trois loulous qui m'ont aidée à aller vers ce chemin de la bienveillance et de la prise en compte de leurs besoins !
À mes collègues de l'institut Michel Montaigne (Bordeaux) qui sont des preuves vivantes de bienveillance et de soutien ! À mes collègues de l'hôpital, merci pour votre accueil et pour votre intérêt pour mes écrits !
Un grand merci à Véronique, cette nouvelle expérience d'écriture a été riche et formatrice !
Merci à SOLAR pour la confiance accordée pour ce nouvel ouvrage !
À mes petits et grands patients, aux familles et aux équipes que j'ai pu accompagner et que j'accompagne encore, je vous témoigne ici toute ma gratitude !

NOTES

Notes

MON P'TIT CAHIER YOGA
MON P'TIT CAHIER MASSAGE POUR MON BÉBÉ
MON P'TIT CAHIER MÉDITATION
MON P'TIT CAHIER ÉDUCATION POSITIVE
MON P'TIT CAHIER ÉMOTIONS
MON P'TIT CAHIER MONTESSORI
MON P'TIT CAHIER MA GROSSESSE AU NATUREL
MON P'TIT CAHIER CONFIANCE EN SOI
MON P'TIT CAHIER LA 1RE ANNÉE DE MON BÉBÉ
MON P'TIT CAHIER NOUVEAU PAPA
MON P'TIT CAHIER EN PLEINE FORME
MON P'TIT CAHIER ARRIVÉE DU 2E
MON P'TIT CAHIER COLÈRE
MON P'TIT CAHIER AUTONOMIE
MON P'TIT CAHIER CONCENTRATION
MON P'TIT CAHIER ZÉRO DÉCHET
MON P'TIT CAHIER MON ENFANT À HAUT POTENTIEL
MON P'TIT CAHIER ANIMAUX DE COMPAGNIE
MON P'TIT CAHIER NATURE
MON P'TIT CAHIER SÉPARATION
MON P'TIT CAHIER NO STRESS
MON P'TIT CAHIER PENSÉE POSITIVE
MON P'TIT CAHIER J'AIME APPRENDRE
MON P'TIT CAHIER MON ENFANT HYPERACTIF
MON P'TIT CAHIER YOGA PRÉNATAL
MON P'TIT CAHIER ZÉRO CHARGE MENTALE
MON P'TIT CAHIER SOMMEIL
MON P'TIT CAHIER OBJECTIF ZÉRO EMPREINTE EN FAMILLE
MON P'TIT CAHIER YOGA POSTNATAL
MON P'TIT CAHIER SOINS AU NATUREL

MON P'TIT CAHIER
SOPHROLOGIE

MON P'TIT CAHIER
MATERNAGE

MON P'TIT CAHIER
COMMUNICATION BIENVEILLANTE

MON P'TIT CAHIER
PEURS

MON P'TIT CAHIER
ÉCRANS
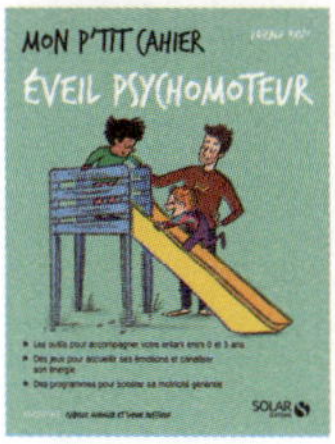
MON P'TIT CAHIER
ÉVEIL PSYCHOMOTEUR

MON P'TIT CAHIER
MON ENFANT DYS

MON P'TIT CAHIER
NOUVELLE TRIBU

MON P'TIT CAHIER
JE SIGNE AVEC MON BÉBÉ

MON P'TIT CAHIER
ALIMENTATION ÉQUILIBRÉE

MON P'TIT CAHIER
PILATES PRÉNATAL

MON P'TIT CAHIER
MON ENFANT HYPERSENSIBLE

MON P'TIT CAHIER
ENFANT UNIQUE

MON P'TIT CAHIER D'ACTIVITÉS
MANDALA

MON P'TIT CAHIER D'ACTIVITÉS
MONTESSORI

MON P'TIT CAHIER D'ACTIVITÉS
MERCREDI APRÈS-MIDI

MON P'TIT CAHIER D'ACTIVITÉS
JOURS DE PLUIE

Direction : Jean-Louis Hocq
Direction éditoriale : Marion Guillemet
Collaboration éditoriale : Véronique Deiller
Édition : Bérénice Taveau
Correction : Audrey Peuportier
Conception et mise en couleur de la couverture : Stéphanie Brepson
Mise en pages : Nord Compo
Fabrication : Laurence Duboscq

ISBN : 978-2-263-17497-1
Code éditeur : L17497
Dépôt légal : août 2021
Achevé d'imprimer en août 2021 en France par Imprimerie de Champagne.

Solar, un département d'Édi8
92 avenue de France
75013 Paris

SolarEditions

solar_editions